CONTENTS

問題 1 ……………………………………………………… 2
問題 2 ……………………………………………………… 4
問題 3 ……………………………………………………… 6
問題 4 ……………………………………………………… 8
問題 5 ……………………………………………………… 10
問題 6 ……………………………………………………… 12
問題 7 ……………………………………………………… 14
問題 8 ……………………………………………………… 16
問題 9 ……………………………………………………… 18
問題 10 …………………………………………………… 20
問題 11 …………………………………………………… 22
問題 12 …………………………………………………… 26
問題 13 …………………………………………………… 28
問題 14 …………………………………………………… 32
問題 15 …………………………………………………… 36
問題 16 …………………………………………………… 40
問題 17 …………………………………………………… 44
問題 18 …………………………………………………… 48
問題 19 …………………………………………………… 50
問題 20 …………………………………………………… 52

問題1　　　　　　　　　　　　　　　　　目標時間：15分

次の英文を読んで，問いに答えよ。

　　Play and art are alike in that both activities appear, superficially at any rate, to lack the compulsion associated with biological necessity. We seem not to have to play in order to survive; nor are we obviously compelled to paint pictures, compose music, or sculpt statues. Although one can imagine that a man might be forced by another to create something, it is generally true that art is a voluntary activity, and that creativity flourishes best in the absence of compulsion. (1)The same is true of play. For, although one might compel a child to play a game against his will, the game will straightaway lose one of the characteristics that makes it play.

　　If it is accepted that both play and art are essentially voluntary, it follows that both are generally (　2　) activities. Although games can be turned into ways of making a living by those who are particularly skilful players, they do not originate in this way. Although creative production may turn out to be financially rewarding, men do not primarily engage in it for the sake of financial gain. Both games and works of art stand somewhat outside the ordinary course of life, and do not appear to be associated with the immediate satisfaction of wants and appetites. The idea that a novelist, for example, could sit down and write a popular romance for cash with her tongue in her cheek is almost certainly (　3　).

問1　下線部(1)の具体的内容を40字以内の日本語で説明せよ。句読点も字数に含める。

問2　空所（　2　）に入れるのに最もふさわしい1語を次の中から1つ選び，記号で答えよ。
(a)　disinterested　　(b)　joyful
(c)　profitable　　　 (d)　voluntary

問3　空所（　3　）に入れるのに最もふさわしい1語を次の中から1つ選び，記号で答えよ。
(a)　false　　　　　(b)　fundamental
(c)　practical　　　(d)　well-known

(解答解説 p.30〜)

問題2　　　　　　　　　　　　　　　　　　目標時間：15分

次の英文を読んで，問いに答えよ。

　A human being has been defined as a tool-using animal. The earliest evidence of the prehistory of our species shows the tool as part of human life, almost literally a part of a human being. Hammer, shovel, knife are extensions of human arms, specialized attachments permitting the human to do the work more effectively than with their (1)unaided teeth and nails. Tools permit human beings to surpass themselves and to perfect the efforts of their naked hands. And in the hand of a craftsman (2)the tool acquires almost a life of its own.

　The "almost" is crucial; the tool remains an extension of human powers. Its motive force is visibly the human using it. The machine, an application of power to a system of moving parts, is a different matter. Perhaps this is so because the machine changes not only the direction of the power applied but often its very nature. Tools are generally used to perform easily-understood physical actions: cutting, piercing, prying loose. The machine works mysterious chemical changes or vastly increases human power enabling him or her to replace the *quern with huge mill wheels, the *abacus with the electronic computer. Whatever the cause from its simplest beginnings the machine is felt to be alien, non-human.

　　注　*quern：石臼　　　　*abacus：そろばん

問1　下線部(1)と同趣旨のことを表す部分を英語のまま(2 words)抜き出せ。

問2　下線部(2)の意味内容を50字以内の日本語で説明せよ。句読点も字数に含める。

問3　筆者によるとtoolとmachineはどのように違うのか。60字以内の日本語で説明せよ。句読点も字数に含める。

(解答解説 p.35〜)

問題 3

目標時間：20分

次の英文を読んで，問いに答えよ。

　　The study of *genetics is today so far advanced that we shall soon be able to produce a kind of genetically perfect 'superman,' using techniques known as '*genetic engineering.' At first this may seem an attractive possibility, but when we consider (1)it in detail, we find there are many problems involved.

　　A distinction is usually made between 'negative' and 'positive' genetic engineering. In negative genetic engineering we try to eliminate harmful genes to produce genetically normal people. The aim is of course a desirable one; however, it does pose the problem of what a harmful gene is. Genes are not really either 'good' or 'bad.' The gene which causes certain forms of *anaemia, for example, can also protect against malaria. If we eliminate this gene we may get rid of anaemia, but we (2) the risk of malaria.

　　In (3) genetic engineering we try to create better people by developing the so-called 'good' genes. But although this form of genetic engineering will give us greater control over mankind's future, there are several reasons for caution. First, there is the possibility of mistakes. (4)While accepting that geneticists are responsible people, we must also admit that things can go wrong, the result being the kind of monster we read about in horror stories. Secondly, there is the problem of deciding what makes a 'better' person. We may feel, for example, that if genetic engineering can create more intelligent people, then this is a good thing. On the other hand, intelligence does not necessarily lead to happiness. Do we really want to create people who are intelligent, but perhaps unhappy?

　　The basic question is whether or not we should interfere with human life. We can argue that much human progress (particularly in medicine) involves interference with life. To some extent (5)this is true; but we should not forget the terrible consequences genetic engineering can have. Consider, for example, the possibilities of genetic warfare, in which our enemies try to harm us using the techniques of genetic engineering. We are destined to confront the destruction of human race.

注 *genetics：遺伝学　　*genetic engineering：遺伝子工学
　　*anaemia：貧血症

問1　下線部(1)の内容を60字以内の日本語で説明せよ。句読点も字数に含める。

問2　空所（　2　）に補う語として最も適当と思われるものを次の中から1つ選び，記号で答えよ。
(a) abolish　　　(b) appreciate　　(c) decrease
(d) ignore　　　(e) increase

問3　空所（　3　）に補う語として最も適当と思われるものを本文中から1語選び出して書け。

問4　下線部(4)を和訳せよ。

問5　下線部(5)の内容を40字以内の日本語で説明せよ。句読点も字数に含める。

(解答解説 p.39〜)

問題4　　　　　　　　　　　　　　　　　　　　目標時間：25分

次の英文を読んで，問いに答えよ。

　It has long been known that the human brain consists of two so-called *hemispheres that appear, superficially at least, to be identical. These two halves, which we will call LH (Left Hemisphere) and RH (Right Hemisphere), have, however, quite distinct functions. In right handed people —— and for simplicity, we can restrict our discussion to them —— the LH may be said, at least roughly, to control the right half of the body, and the RH the left half. Most importantly, the two halves of the brain appear to have two quite distinct ways of thinking. The LH thinks, so to speak, in an orderly, sequential, and, we might call it, logical fashion. The RH, on the other hand, appears to think in complete images. Language processing appears to be almost exclusively centered in the (ア)[(a)LH (b)RH], for example, whereas the (イ)[(a)LH (b)RH] is deeply involved in such tasks as spatial orientation, and the production and appreciation of music.

　The history of man's creativity is filled with stories of artists and scientists who, after working hard and long on some difficult problem, consciously decide to "forget" it, in effect, to turn it over to their RH. (1)After some time, often with great suddenness and totally unexpectedly, the solution to their problem announces itself to them in almost complete form. The (ウ)[(a)LH (b)RH] appears to have been able to overcome the most difficult logical and systematic problems by, I would conjecture, relaxing the rigid standards of thought of the (エ)[(a)LH (b)RH]. Given the looser standards the RH employs, it was perhaps able to design thought experiments which the LH simply could not, because of its rigidity, conceive. (2)The RH is thus able to hit upon solutions which could then, of course, be recast into strictly logical terms by the LH. We may conjecture that in children the communication channel between the two brain halves is wide open;

that is, that messages pass between the two halves quite freely. That may be (オ)[(a)why (b)because] children are so incredibly imaginative; for example, for them a cigar box is an automobile one moment and a house the next. In (カ)[(a)children (b)adults], the channel has been severely narrowed —— whether by education or by physiological *maturational processes or by both, I cannot guess. But (3)it is clearly more open during the dream state. I may also conjecture that *psychoanalysis trains people in the use of the channel. In psychoanalysis one learns to listen with the third ear, to attend, that is, to what the unconscious is "saying." Perhaps the various meditative disciplines serve the same purpose.

注　*hemisphere：半球　　*maturational：成熟の
　　*psychoanalysis：精神分析

問1　(ア)〜(カ)について，(a)・(b)のうち，適切な方を選んで，記号で答えよ。

問2　下線部(1)と(2)を日本語に訳せ。

問3　下線部(3)を15字以内の日本語で説明せよ。句読点も字数に含める。

(解答解説 p.45〜)

問題 5　　　　　　　　　　　　　　　　　　目標時間：25分

次の英文を読んで，問いに答えよ。

　　When words are used to produce a work of art —— whether story or poem or drama —— their formal disposition or 'artistic arrangement' is a deliberate part of what is happening. Thus, the physical properties of words as sounds are taken into account in a way in which they are not in everyday uses of language: and (A)this is particularly true of poetry. For everyday purposes we become accustomed to looking through the substance at the meaning. (B)But young children's concern with words is more like that of the poet, since they too are more than usually aware of the physical qualities and show this by the way they play with sounds, making rhymes and word-play and mixing in nonsense sounds.

　　There are other (C) between poetry and young children's speech. Poets tend to look for significant, suggestive detail —— something straight out of life —— to carry their meaning, and to avoid the vaguely general or abstract terms. (It was T. E. Hulme's view that: 'poetry always endeavours to delight you, and to make you continuously see a physical thing, to prevent you gliding through an abstract process.') With young children it is not a matter of choice: their ideas must take a relatively concrete form of expression because they have not yet mastered the art of making and handling abstractions. A five-year-old boy in an infants' class once said to a colleague of mine, 'Oh, yes. (D)I know Geography. It's polar bears at the top and penguins at the bottom.'

　　More generally, a great deal of children's speech seems to be uttered for the pleasure of speaking rather than in order to communicate anything to anybody. And in this it resembles poetry, for poetry is, broadly speaking, more concerned to celebrate, to (E), to show respect, than it is to instruct or (F) or convince.

問1　本文中の下線部(A)の this が示す内容を日本語で具体的に説明せよ。

問2　本文中の下線部(B)を和訳せよ。

問3　本文中の空所（　C　）を補うために最も適当と思われる語を次の(イ)〜(ニ)から1つ選び，その記号を答えよ。
　　(イ)　similarities　　　(ロ)　contracts
　　(ハ)　relations　　　　(ニ)　difficulties

問4　本文中の下線部(D)において，子どもはなぜこのような言い方をするのか，日本語で説明せよ。

問5　本文中の空所（　E　）と（　F　）に入れるべき最も適当なものを，次の(イ)〜(ホ)からそれぞれ1つずつ選び，その記号を答えよ。
　　(イ)　walk　　(ロ)　mourn　　(ハ)　increase
　　(ニ)　inform　(ホ)　consider

(解答解説 p.50〜)

問題6　　　　　　　　　　　　　　　　　　　目標時間：25分

次の英文を読んで，問いに答えよ。

　　Science is generally taken as meaning either the *exact sciences, such as chemistry, physics, etc., or a method of thought which obtains *verifiable results by reasoning logically from observed fact. If you ask any scientists, or indeed almost any educated person, "What is science?" you are likely to get an answer approximating to (1)<u>the latter</u>. In everyday life, however, both in speaking and in writing, when people say "science" they mean the former. Science means something that happens in a laboratory: the very word calls up a picture of graphs, test-tubes, balances, Bunsen burners, microscopes. A biologist, an astronomer, perhaps a psychologist or a mathematician, is described as a "man of science"; no one would think of applying this term to a statesman, a poet, a journalist or even a philosopher. And those who tell us that the young must be scientifically educated mean, almost invariably, that they should be taught more about radioactivity, or the stars, or the physiology of their own bodies, rather than that they should be taught to think more exactly.
　　(2)<u>This confusion of meaning</u>, which is partly deliberate, has in it a great danger. (3)<u>Implied in the demand for more scientific education is the claim that if one has been scientifically trained one's approach to all subjects will be more intelligent than if one had had no such training</u>. A scientist's political opinions, it is assumed, his opinions on sociological questions, on morals, on philosophy, perhaps even on the arts, will be more valuable than those of a layman. The world, in other words, would be a better place if the scientists were in control of it. But a "scientist," as we have just seen, means in practice a specialist in one of the exact sciences. It follows that a chemist or a physicist, as such, is politically more intelligent than a poet or a lawyer, as such. And, in fact, there are

already millions of people who do believe this. But is it really true that a "scientist," in this narrower sense, is any likelier than other people to approach non-scientific problems in an objective way? There is not much reason for (4)thinking so.

　注　*exact sciences：精密科学　　　*verifiable：証明可能な

問1　下線部(1)の the latter の具体的内容を40字以内の日本語で述べよ。句読点も字数に含める。

問2　下線部(2)の This confusion of meaning とはどういうことか。40字以内の日本語で説明せよ。句読点も字数に含める。

問3　下線部(3)を日本語に訳せ。

問4　下線部(4)の thinking so の具体的な内容を60字以内の日本語で述べよ。句読点も字数に含める。

（解答解説 p.56〜）

問題 7   目標時間：25 分

次の英文を読み，問いに答えよ。

With the cost of computers plunging, a new age of invention is about to start. New horizons will appear in every direction, much as if ten continents were discovered simultaneously. The result will not only be new products and activities but also new concepts and cultures. It is possible to glimpse fragments of (1)this future now and to sense how rich and unexpected it will be.

(2)Unfortunately for the past century some humanists have been at odds with technologists, viewing technology as a harmful force beyond their control — all the more intolerable because of its human origins. This attitude is part of the humanist's traditional focus on the past and unwillingness to embrace either the art or technology of the present. The effect of a work of art is strongest at the time of its creation and weakens with the passage of time. An artistic work that can be understood only with a scholar's footnotes cannot be considered more powerful than one that speaks to its audience directly. The common assumption that (3)fifty year's hindsight is required for the identification of a work of art is based on a lack of confidence, denies the value of art created in the present, and makes aesthetic judgment a kind of historical *Nielsen rating. This attitude goes back to the worship of the Greeks by the Romans. It is anti-art. The young are taught to appreciate past art much as doctors expose people to a weakened form of a virus so they will become immune to (4)the real thing.

Art exists in the present. It affirms it. We are living in epochal times, inventing technology with existential implications. Surely the art of such times must use the most powerful means of expression available, leading rather than following in the exploration of aesthetic technology. Artists cannot remain aloof, cultivating an utter ignorance of all things technical.

注　*Nielsen rating：アメリカのニールセン社の調査によるテレビ視聴率

問1　下線部(1)は具体的にはどのような時代のことをさしているのか。20字以内の日本語で説明せよ（句読点は字数に入れない）。

問2　本文中の下線部(2)を和訳せよ。

問3　本文中の下線部(3)とほぼ同じ内容になるように，次の英文の空所（　イ　）・（　ロ　）に下の語群から最も適当なものを1語ずつ選べ。
　It is only （　イ　） fifty years that a work of art can be recognized as （　ロ　）.
［語群］　after, during, for, much, required, since, such, well

問4　本文中の下線部(4)について，次の問いに答えよ。
　(i)　the real thing の 'thing' を具体的に表す表現を本文中の英語で記せ。
　(ii)　the real thing は何のたとえとして用いられているのか。それを日本語で記せ。

(解答解説 p.61〜)

問題 8

目標時間：25 分

次の英文を読んで，問いに答えよ。

　In real life, you often have to deal with things you don't completely understand. You drive a car, not knowing how its engine works. You ride as passenger in someone else's car, not knowing how that driver works. Strangest of all, you drive your body and your mind, not knowing how your own self works. Isn't it amazing that we can think, not knowing what it means to think? Isn't it remarkable that we can get ideas, yet not explain what ideas are?

　In our minds there seem to be some processes that we call consciousness. We usually regard them as enabling us to know what is happening inside our minds. But (1)this reputation of self-awareness is not so well deserved, because (2)our conscious thoughts reveal to us so little of what gives rise to them.

　Consider how a driver guides the immense *momentum of a motorcar, not knowing how its engine works or how its steering wheel directs it to left or right. Yet when one comes to think of it, we drive our bodies in much the same way. So far as conscious thought is concerned, you turn yourself to walk in a certain direction in much the same way you steer a car; you are aware only of some general intention, and (3)all the rest takes care of itself. To change your direction of motion is actually quite complicated. If you simply took a larger or smaller step on one side, the way you would turn a rowboat, you would fall toward the outside of the turn. Instead, you start to turn by making yourself fall toward the inside —— and then use centrifugal force to right yourself on the next step. This incredible process involves a huge society of muscles, bones, and joints, all controlled by hundreds of interacting programs that even specialists don't yet understand. Yet all you think is "Turn that way," and your wish is automatically fulfilled.

　We give the name "signals" to acts whose consequences are not inherent in their own character but have merely been assigned to them. When you accelerate your car by pressing on the gas pedal, (4)this is not what does the work; it is merely a signal to make the engine push the car. Similarly, rotating the steering wheel is merely a signal that makes the steering mechanism turn the car. (5)The car's designer could easily have assigned the pedal to steer the car or made the steering wheel control its speed. But practical designers try to exploit the use of signals that already have acquired some significance.

　Our conscious thoughts use signal-signs to steer the engines in our minds, controlling countless processes of which we are never aware. Not understanding how it is done, we learn to gain our ends by sending signals to those great machines, much as the magicians of older times used rituals to cast their spells.

　注　*momentum：運動量

問1　下線部(1)はどういうことか，日本語で説明しなさい。

問2　下線部(3)と同じ内容を述べている箇所を，本文中よりそのまま抜き出しなさい。

問3　下線部(4)はどういうことか，日本語で具体的に説明しなさい。

問4　下線部(2)と(5)を日本語に訳しなさい。

(解答解説 p.67〜)

問題9　　　　　　　　　　　　　　　　　　目標時間：25分

次の文章を読んで，問いに答えよ。

　　Say a two-month-old baby wakes up at 3 A.M. and starts crying. Her mother comes in and, for the next half hour, the baby contentedly nurses in her mother's arms while her mother gazes at her affectionately, telling her that she's happy to see her, even in the middle of the night. The baby, content in her mother's love, gradually goes back to sleep.

　　Now say another two-month-old baby, who also awoke crying in the middle of the night, is met instead by a mother who is tense and irritable, having fallen asleep just an hour before after a fight with her husband. The baby starts to tense up the moment his mother abruptly picks him up, telling him, "Just be quiet —— I can't stand one more thing! Come on, let's get it over with." As the baby nurses (1)his mother stares stonily ahead, not looking at him, reviewing her fight with his father, getting more agitated herself as she thinks about it for a long time. The baby, sensing her tension, squirms, stiffens, and stops nursing. "That's all you want?" his mother says. "Then don't eat." With the same abruptness (2)she puts him back in his bed and walks out angrily, letting him cry until he falls back to sleep, exhausted.

　　The two scenarios are presented by the report from the National Center for Clinical Infant Programs as examples of the kinds of interaction that, if repeated over and over, teach a baby very different feelings about himself and his closest relationships. The first baby is learning that people can be trusted to notice her needs and counted on to help, and that she can be effective in getting help; the second is finding that no one really cares, that people can't be counted on, and that his efforts to get comfort will meet with failure. Of course, most babies experience both kinds of interaction. But how secure, confident, and *trusting a child feels depends on how his parents have treated him over the years. Erik Erikson put it in terms of whether a child comes to feel a "basic trust" or a basic mistrust.

　(3)Such emotional learning begins in life's earliest moments, and continues throughout childhood. All the small exchanges between parent and child have an emotional hidden meaning, and in the repetition of these messages over the years children form the core of their emotional attitude and capabilities. A little girl who finds a puzzle frustrating and asks her busy mother to help gets one message if the reply is the mother's clear pleasure at the request, and quite （　A　） if it's a rudely brief "Don't bother me — I've got important work to do." When such encounters become typical of child and parent, they mold the child's emotional expectations about relationships — and cause a general attitude towards life that will influence her functioning in all areas of life, for better or worse.

　　注　*trusting : willing to believe that other people are good and honest

問１　下線部(1)と対照的な意味を表している部分を本文中から英語のまま抜き出せ。

問２　下線部(2)を日本語に訳せ。

問３　下線部(3)の具体的内容を40字以内の日本語で説明せよ。

問４　空所（　A　）に入れるのにもっとも適当な１語を次の中から１つ選び、記号で答えよ。
　　１．similar　　２．another　　３．indifferent　　４．interesting

（解答解説 p.74〜）

問題 10　　　　　　　　　　　　　　目標時間：25分

次の英文を読んで，問いに答えよ。

　　If scientists did not make (1)certain philosophical assumptions, assumptions that are not susceptible of proof, it would be impossible for them to make any sense of the phenomena they observe in the natural world. It would be impossible to do physics, for example, if they did not assume that there were such things as physical laws, and that these laws always remained the same. (2)The scientific way of thinking is so familiar to us today that we tend not to realize that it is not so obvious that this must be the case. Nature is full of variable quantities: the sun does not rise at the same time every day, and ocean tides on succeeding days do not occur at the same time or reach the same height. It would seem natural to attribute such phenomena to varying causes. The idea that they can be attributed to the workings of a never-changing law of gravitation is really rather subtle and sophisticated.

　　Other philosophical assumptions must be made by the physicists and cosmologists who attempt to understand the properties of the universe. For example, there is no way to demonstrate that the laws of physics must be precisely the same in distant galaxies as they are in our own region of space, but if we did not assume (3)this, there could be no such thing as *astrophysics.

　　Similarly, if we are to speak about the past evolution of the universe, we must assume that the physical laws operating today are the same ones that determined the behavior of fields and particles billions of years ago. Again, there is no way to demonstrate that this must be the case. It is conceivable that there never was any big bang or *inflationary expansion, that we have been deceived into thinking that these events took place because we don't know that the laws of nature have changed over the course of time. (4)The idea is conceivable, but not very appealing. If laws changed in unknown ways, we could hardly speak of "laws of nature" at all.

Though the idea that the laws of nature that we perceive are the same laws that operate in other places and in other (5) cannot be proved, there is a great deal of circumstantial evidence in its favor. Making this assumption has led to the creation of theories that have predictive power, and which seem to give consistent explanations of the phenomena we observe in the universe today. Making this basically philosophical assumption, in other words, has led to the creation of scientific theories that seem to make sense.

注　*astrophysics：天体物理学
　　*inflationary：of or likely to cause inflation

問1　下線部(1)を和訳せよ。

問2　下線部(2)を和訳せよ。

問3　下線部(3) this の指示内容に相当する箇所の最初と最後の3語（3 words）を記せ。

問4　下線部(4) The idea の指示内容に相当する箇所の最初と最後の3語（3 words）を記せ。

問5　空所（ 5 ）に入れるのに最も適当な語を次の中から1つ選び，記号で答えよ。
　(a) galaxies　(b) theories　(c) times　(d) ways

(解答解説 p.80〜)

問題 11　　　　　　　　　　　　目標時間：25分

次の英文を読み，設問に答えよ。

　Sherlock Holmes and Dr Watson first meet in Arthur Conan Doyle's *A Study in Scarlet*. Despite Holme's powerful intellectual abilities, Watson is astonished to discover that Holmes is entirely ignorant of the Copernican theory, according to which the earth and the other planets travel around the sun. Imagine, then, his surprise when Holmes refuses to be enlightened on the matter: "'(1)" he interrupted impatiently: "You say we go round the sun. If we went round the moon it would not make a pennyworth of difference to me or to my work."'

　In their quaint Victorian way, Watson and Holmes raise a question that is still of fundamental importance today. Does it really matter whether people know anything about basic scientific questions like the relationship between the earth and the sun, the structure of the atom, or the nature of life? (A)Shall we take the side of Watson, and say that such things are part of what every civilised human being ought to know; or shall we fall into line with Holmes, and say: what the deuce is it to me? In short, why should we care about the public understanding of science?

　I believe there are, at least, two very good reasons why we should care. First, science is the outstanding feature of our culture and people deserve to know about it. If you doubt this, try asking yourself the following question: for what area of creative achievement, above all others, will our civilization be remembered, centuries, and millennia from now? Will it be for the brilliance of our architecture, for the quality of our fine art, or for the excellence of our literature? I doubt it. I think, when everything else has turned to dust, we shall still be remembered for the extraordinary advances we have made in understanding the world and our place in it.

In terms of the grand sweep of history, ours is the age that first discovered what kind of place the universe really is, and what kind of thing a living organism really is. Although scientists rarely say (B)so in an explicit way, the plain fact is that these (among, of course, many others) are fascinating things to know about. (C)People deserve to be let in on the great secrets that science is continually uncovering. Poor old Sherlock; he really didn't know what he was missing.

My second reason for caring about the public understanding of science is more practical. Science is not just the thing our culture does best, it is also the thing that most critically influences the way we live. Think of almost anything we do — eating, having babies, working, taking holidays — and you find that it is shaped by science.

For those of us with wider interests, science is everywhere — at work (the job looks interesting but will I be able to cope with the information technology involved?); and at home (the microwave oven looks convenient, but how does that microwave actually work and is it really safe?); in the supermarket (shall I buy irradiated food because it's supposed to be germ-free, or avoid it like the plague because some people say it's dangerous?) and at the clinic (shall I ask about that troublesome ankle, and if so will I be able to understand the reply?) We need to know at least something about science in order to make some sense of everyday things like these.

問1　本文中の空所（　1　）に補う文として最も適当と思われるものを本文中から選べ。

問2　本文中の下線部(A)と(C)を和訳せよ。

問3　本文中の下線部(B)の内容をあらわす表現を本文中の英語から選び，その初めの1語と終わりの1語を示せ。

問4 次の文のうち，本文の内容に合致するものを1つ選び，その記号を記せ。
(イ) Not knowing the Copernican theory, Holmes asked Watson to explain it in more detail.
(ロ) The outstanding feature of our culture is the discovery of science.
(ハ) If we accept the author's view, our age will be remembered, thousands of years from now, more for Einstein than for Picasso.
(ニ) The remarkable fact is that we have made great advances not only in science but also in the fields of art and literature.
(ホ) The true reason why scientists try to keep the secrets of nature to themselves is that they consider them to be dangerous.

(解答解説 p.85 〜)

MEMO

問題 12　　　　　　　　　　　　　　目標時間：25分

次の英文を読んで，問いに答えよ。

　　Among a science teacher's most striking experiences are encounters with bright, eager students who are (1)utterly unable to understand some seemingly simple scientific idea. The intelligence of these students is apparent from the clarity with which they recognize their lack of understanding. Nevertheless, they are unable to process the information they are given because they are missing some critical mental structures.

　　These structures develop from a sequence of *relevant experiences that extends back to earliest childhood. In simpler times, most children of the same class and culture had similar experiences and so progressed in roughly the same direction. But now, the immense variety of toys and activities available to children provide a multitude of (2) experiences, few of which, unfortunately, are relevant to the development of scientific thinking. One peek into the room of a middle-class six-year-old girl reveals a world of stuffed toys and soft fabrics. There are no toys that fit together, nothing with a straight line. By age four or five, the child may have lost all interest in the type of toys that supply the *manipulative experiences relevant to developing the mental structures necessary for mathematics.

　　Contrast this with a three-year-old who plays with toy trains. At first, the child may play randomly with the individual parts but, if guided by a parent, will soon become interested in connecting them "properly." The train soon imposes its own reality, and the child comes to understand that there are right and wrong ways to run a railroad. Playing with trains comes to mean connecting tracks so that cars can roll on them from one place to another. (3)From such play come the mental structures associated with lines and connections, which enable the child to see the geometrical similarity between a real train on real tracks and a toy train on toy tracks. Some (4)such insight seems to be necessary for the development of the formal concepts of scale and proportionality.

Students who reach middle school without the relevant concrete experiences with similarity aren't prepared for subjects that involve proportionality, such as percent and time-rate-distance. The failure to understand these subjects blocks any further progress in mathematics and science. To prevent (5)this blockage, students from kindergarten on must be provided with concrete activities designed to develop geometric and quantitative thinking.

注　*relevant：関連のある　　*manipulative：ものを操作する

問1　下線部(1)のようになる理由を40字以内の日本語で説明せよ。句読点も字数に含める。

問2　空所（　2　）に入れるのに最も適当な語を次の中から1つ選び，その記号を記せ。
　　(a)　common　　　(b)　different　　　(c)　difficult
　　(d)　easy　　　　(e)　familiar

問3　下線部(3)を和訳せよ。

問4　下線部(4)の内容を50字以内の日本語で説明せよ。句読点も字数に含める。

問5　下線部(5)の this blockage の内容を40字以内の日本語で具体的に説明せよ。

(解答解説 p.92～)

問題 13　　　　　　　　　　　　　　　　　目標時間：25分

次の英文を読んで，問いに答えよ。

　　Many of the most compelling international issues of today are environmental. The warming of the earth caused by the production of carbon dioxide, the destruction of forests by acid rain, pollution of rivers and oceans, uncontrolled *desertification, the destruction of the protective ozone layer by the chemicals in sprays —— these are just some of the problems under discussion among scientists, government officials and environmentalists, and in the media. (1)The collective awareness is rapidly growing that the global environment can only be protected for the coming century through genuine international cooperation. But this will require (2)some radical rethinking on a fundamental level.

　　Since the outbreak of Minamata disease (mercury poisoning) in the late fifties, environmental problems have been a major social issue in Japan, and various measures have been devised to eliminate pollution and other dangers to public health. As a result, considerable improvements have been made, at least in dealing with problems that are conspicuous in our daily lives. The number of days one can see Mount Fuji from downtown Tokyo has greatly increased and the smell of the Sumida River that runs through the oldest part of the city has faded; fish have returned to its waters.

　　The issues now attracting international attention tell us clearly, however, that environmental problems have by no means been solved. The pollution we recognize and experience directly may have lessened, but the sphere of human activity in general has greatly expanded, and experts are pointing to signs of immense changes in the ecosystem. If nothing is done, it is feared that continued reduction of the ozone layer, warming of the earth, desertification, acid rain, and so forth could, in the long term, threaten the survival of the human race and all other forms of life on the planet. These issues may not pose an immediate threat to our daily lives, but their damage could be permanent if proper steps are not taken now. It is Japan's responsibility as an industrialized nation to take the initiative in tackling the issues, introducing measures that take a much longer perspective than ever before contemplated.

The most basic remedy in a long-term task like (3)this must be sought through education, and this involves a thorough review of educational concepts and school courses, especially in the sciences. This is vital because education shapes the outlook and attitudes of those who will take the lead in society in the years to come.

Most of the phenomena causing air and water pollution, as well as reduction of the ozone layer, can be traced to the technological advances attained through scientific research; they are the product of human inquiry and invention. The solutions, (4), must be sought by making use of all the experience and intelligence at our disposal. Today we must ask ourselves whether the education we are giving our children, in the sciences in particular, is working to protect or to put the survival of the human race in danger.

注　*desertification：砂漠化

問1　下線部(1)を和訳せよ。

問2　下線部(2)について，
　(a)　その具体的内容を表している箇所を本文中から英語のまま抜き出せ。
　(b)　なぜこれが必要なのか，40字以内の日本語で述べよ。句読点も字数に含める。

問3　下線部(3) this の内容を30字以内の日本語で述べよ。句読点も字数に含める。

問4　空所（　4　）に補う語句として，論旨から判断して最も適当と思われるものを次の(イ)〜(ニ)から1つ選び，その記号を記せ。
　(イ)　as it were　　　　　(ロ)　for example
　(ハ)　likewise　　　　　　(ニ)　moreover

（解答解説 p.98〜）

MEMO

問題 14   目標時間：25 分

次の英文を読み，問いに答えなさい。

All learning implies memory. If we remembered nothing from our experiences we could learn nothing. Life would consist of momentary experiences that had little relation to one another. We could not even carry on a simple conversation. To communicate, you must (A) the thought you want to express as well as what has just been said to you.

Suppose one morning you are introduced to a student and told her name is Barbara Cohn. That afternoon you see her again and say something like, "You're Barbara Cohn. We met this morning." Clearly you have remembered her name. But what exactly did you do? What does memory involve?

Your minor memory feat can be broken down into (1)three stages. First, when you were introduced you somehow deposited Barbara Cohn's name into memory. This is the encoding stage. You transformed a physical phenomenon (sound waves) that corresponds to her spoken name into the kind of code that memory accepts, and you placed that code in memory. Second, you retained, or stored, the name during the time between the two meetings. This is the storage stage. And third, you recovered the name from storage at the time of your second meeting. This is the retrieval stage.

Memory can fail at any of these three stages. Had you been (B) to recall Barbara's name at the second meeting, this could have reflected a failure in any of the stages — encoding, storage, or retrieval. (2)So an understanding of memory involves specifying what operations occur at each stage in different situations and how these operations can go wrong and result in memory failure.

Do the three stages of memory operate in the same way in all memory situations? A good deal of research suggests that they (C). Memory seems to differ between those situations that require us to store material for a matter of seconds and those that require us to store material for longer intervals from minutes to years. The former situations are said to tap short-term memory, while the latter reflect long-term memory.

We can illustrate (3)this distinction by amending our story about meeting Barbara Cohn. Suppose that during the first meeting, as soon as you had heard her name, a friend came up and you said, "Jim, have you met Barbara Cohn?" That would be an example of short-term memory. You retrieved the name after only a second or so. Remembering her name at the time of your second meeting would be an example of long-term memory, for now retrieval would take place hours after the name was encoded.

When we recall a name immediately after encountering it, retrieval seems effortless, as if the name were still active, still in our consciousness. But when we try to recall the same name hours later, retrieval is often difficult, as the name is no longer conscious. This contrast between short- and long-term memory is (D) to the contrast between conscious knowledge and the subconscious knowledge we have but are not currently thinking about. We can think of memory as a vast body of knowledge, only a small part of which can ever be active at any moment. The rest is passive. Short-term memory corresponds to the active part, long-term memory to the passive.

問1　下線部(1)three stagesのそれぞれの具体的内容を簡潔に説明しなさい。

問2　下線部(2)を日本語に訳しなさい。

問3　下線部(3)this distinction を，文中で述べられている例を用いて説明しなさい。

問4 空欄の（ A ）～（ D ）に補うのに最も適切な語を下の語群から選びなさい。同じ語を2度使用しないこと。

are, aren't content, do, don't, opposite, remember, remind, similar, unable, undo, unwilling

MEMO

問題 15   目標時間：30分

次の英文を読んで，問いに答えよ。

　There is nothing that man fears more than the touch of the unknown. He wants to see what is reaching towards him, and to be able to recognize or at least classify it. Man always tends to avoid physical contact with anything strange. In the dark the fear of an unexpected touch can mount to panic. Even clothes give insufficient security: it is easy to tear them and pierce through to the naked, smooth, defenceless flesh of the victim.

　All the distances which men create round themselves are dictated by (1)this fear. They shut themselves in a house which no one may enter, and only there feel some measure of security. The fear of burglars is not only the fear of being robbed, but also the fear of a sudden and unexpected clutch out of the darkness.

　The repugnance to being touched remains with us when we go about among people; the way we move in a busy street, in restaurants, trains or buses, is governed by it. Even when we are standing next to them and are able to watch and examine them closely, we avoid actual contact if we can. If we do not avoid it, it is because we feel attracted to someone; and then it is we who make the approach.

　The promptness with which apology is offered for an unintentional contact, the tension with which it is awaited, our violent and sometimes even physical reaction when it is not forthcoming, the antipathy and hatred we feel for the offender even when we cannot be certain who it is —— the whole knot of changing and intensely sensitive reactions to an alien touch —— proves that we are dealing here with a deep-seated human tendency, something which never leaves a man when he has once established the boundaries of his personality. Even in sleep, when he is far more unguarded, he can all too easily be disturbed by a touch.

It is only in a crowd that man can become free of this fear of being touched. That is the only situation in which the fear changes into (2)its opposite. The crowd he needs is the dense crowd, in which body is pressed to body; a crowd, too, whose physical constitution is also dense, or compact, so that (3)he no longer notices who it is that presses against him. As soon as a man has surrendered himself to the crowd, he ceases to fear its touch. Ideally, all are equal there; no distinctions count, not even that of sex. The man pressed against him is the same as himself. (4)He feels him as he feels himself. Suddenly it is as though everything were happening in one and the same body. This is perhaps one of the reasons why a crowd seeks to close in on itself: it wants to (5) each individual as completely as possible of the fear of being touched. The more fiercely people press together, the more certain they feel that they do not fear each other. This (6) of the fear of being touched belongs to the nature of crowds. The feeling of relief is most striking where the density of the crowd is greatest.

問1　下線部(1) this fear の内容を 20 字以内の日本語で説明せよ。句読点も字数に含める。

問2　本文で述べられている fear が「人間の根深い性向」であることを示す証拠を1つ挙げよ。

問3　下線部(2) its opposite とは具体的には何のことか。それを表す語句（4 words）を本文中より英語のまま抜き出せ。

問4　下線部(3)を和訳せよ。

問5　下線部(4)の内容を 35 字以内の日本語で説明せよ。句読点も字数に含める。

問6　空所（　5　）に入れるのに最も適切な語を次の中から1つ選び，記号で答えよ。

(a) avoid　　(b) press　　(c) rid　　(d) touch

問7　空所（　6　）に入れるのに最も適切な語を次の中から1つ選び，記号で答えよ。

(a) failure　　(b) feeling　　(c) presence　　(d) reversal

(解答解説 p.111 ～)

MEMO

問題 16

目標時間：35 分

次の英文を読んで，下の問いに答えよ．

　　We live in a universe of patterns.

　　Every night the stars move in circles across the sky. The seasons cycle at yearly intervals. No two snowflakes are ever exactly the same, but they all have sixfold symmetry. Tigers and zebras are covered in patterns of stripes, leopards and hyenas are covered in patterns of spots. Intricate trains of waves march across the oceans; similar trains of sand dunes march across the desert. Colored arcs of light adorn the sky in the form of rainbows, and a bright circular *halo sometimes surrounds the moon on winter nights. Spherical drops of water fall from clouds.

　　Human mind and culture have developed a formal system of thought for recognizing, classifying, and exploiting patterns. We call it mathematics. By using mathematics to organize and systematize our ideas about patterns, we have discovered a great secret: nature's patterns are not just there to be admired, they are vital clues to the rules that govern natural processes. Four hundred years ago, the German astronomer Johannes Kepler wrote a small book, *The Six-Concerned Snowflake*, as a New Year's gift to his sponsor. In it he argued that snowflakes must be made by packing tiny identical units together. This was long before the theory that matter is made of atoms had become generally accepted. Kepler performed no experiments; he just thought very hard about various bits and pieces of common knowledge. (1)His main evidence was the sixfold symmetry of snowflakes, which is a natural consequence of regular packing. If you place a large number of identical coins on a table and try to pack them as closely as possible, then you get a honeycomb arrangement, in which every coin —— except those at the edges —— is surrounded by six others, arranged in a perfect *hexagon.

　　The regular nightly motion of the stars is also a clue, this time to the fact that the Earth rotates. Waves and dunes are clues to the rules that govern the flow of water, sand, and air. The tiger's stripes and the hyena's spots (2)attest to mathematical regularities in biological growth and form. Rainbows tell us about the scattering of light, and indirectly confirm that raindrops are spheres. Lunar haloes are clues to the shape of ice crystals.

There is much beauty in nature's clues, and we can all recognize it without any mathematical training. There is beauty, too, in the mathematical stories that start from the clues and deduce the underlying rules and regularities, but it is a different kind of beauty, applying to ideas rather than things. (3)Mathematics is to nature as Sherlock Holmes is to evidence. When presented with a cigar butt, the great fictional detective could deduce the age, profession, and financial state of its owner. His partner, Dr. Watson, who (4)[not, to, such, as, sensitive, was, matters], could only look on in baffled admiration, until the master revealed his chain of *impeccable logic. When presented with the evidence of hexagonal snowflakes, mathematicians can deduce the atomic geometry of ice crystals.

We are still learning to recognize new kinds of pattern. Only within the last thirty years has humanity become explicitly aware of the two types of pattern now known as fractals and chaos. Fractals are geometric shapes that repeat their structure on ever-finer scales; chaos is a kind of apparent randomness. Nature "knew about" these patterns billions of years ago, for clouds are fractal and weather is chaotic. It took humanity a while to catch up.

Thanks to the development of new mathematical theories, these more elusive of nature's patterns are beginning to reveal their secrets. Already we are seeing (5)a practical impact as well as an intellectual one. Our newfound understanding of nature's secret regularities is being used to steer artificial satellites to new destinations with far less fuel than anybody had thought possible, to help avoid wear on the wheels of locomotives, to improve the effectiveness of heart pacemakers, to manage forests and fisheries, even to make more efficient dishwashers. But most important of all, it is giving us a deeper vision of the universe in which we live, and of our own place in it.

注　*halo：（月のまわりに見える光の）かさ
　　*hexagon：六角形　　　*impeccable：完璧な

問1　下線部(1)の His main evidence はどういうことの evidence なのか，日本語で説明せよ。

問2　下線部(2)の意味に最も近いものを次の(イ)〜(ニ)から1つ選び，その記号で答えよ。
　(イ)　are similar to
　(ロ)　are results of
　(ハ)　are evidence of
　(ニ)　are followed by

問3　下線部(3)の内容を80字以内の日本語で説明せよ。句読点も字数に含める。

問4　本文中(4)の [　　] 内に示された語群を，本文の内容に最もよく適合するように並べ換えよ。

問5　下線部(5)の a practical impact が見られる事例を本文中から一つとり出して説明せよ。

問6　次の(a), (b)について，それぞれの書き出しにつづけて文を完成させると，本文の内容に最もよく適合するのはどれか。(イ)〜(ホ)から一つ選び，記号で答えよ。
　(a)　According to the author, nature's patterns
　　(イ)　have nothing to do with stripes of tigers.
　　(ロ)　are too complex for human mind to recognize.
　　(ハ)　cannot but be admired by human beings.
　　(ニ)　help us to find the rules that govern natural processes.
　　(ホ)　are found only in symmetrical objects.

(b) We have become explicitly aware of such patterns as fractals and chaos because
　(イ)　we have been performing observations and experiments.
　(ロ)　nature knew about these patterns billions of years ago.
　(ハ)　it took us a while to discover these patterns.
　(ニ)　we have developed new mathematical theories.
　(ホ)　nature's secret regularities have revealed themselves.

(解答解説 p.118〜)

問題 17

目標時間：35分

次の英文を読んで，問いに答えよ。

Why a language becomes a global language has little to do with the number of people who speak it. (a)It is much more to do with who those speakers are. Latin became an international language throughout the Roman Empire, but this was not because the Romans were more numerous than the peoples they conquered. They were simply more powerful. And later, when Roman military power declined, Latin remained for a millennium as the international language of education, thanks to a different sort of power —— the power of Roman Catholic Church.

There is a close link between language dominance and cultural power. Without a strong power-base, whether political, military or economic, no language can make progress as an international medium of communication. Language has no independent existence, living in some sort of mystical space apart from the people who speak it. Language exists only in the brains and mouths and ears and hands and eyes of its users. When they succeed, on the international stage, their language succeeds. When they fail, their language fails.

This point may seem obvious, but (b)it needs to be made at the outset, because over the years many popular and misleading beliefs have grown up about why a language should become internationally successful. It is quite common to hear people claim that a language is a model of perfection, on account of its aesthetic qualities, clarity of expression, literary power, or religious standing. Hebrew, Greek, Latin, Arabic and French are among those which at various times have been praised in such terms, and English is no exception. It is often suggested, for example, that there must be something inherently beautiful or logical about the structure of English, in order to explain (c) it is now so widely used. 'It has less grammar than other languages', some have suggested. 'English doesn't have a lot of *endings on its words, nor do we have to remember *the difference between masculine, feminine, and neuter gender, so it must be easier to learn'.

Such arguments are misconceived. A language does not become a global language because of its intrinsic structural properties, or because of the size of its vocabulary, or because it has been a vehicle of a great literature in the past, or because it was once associated with a great culture or religion. These are all factors which can motivate someone to learn a language, of course, but none of them alone, or in combination, can ensure a language's world spread. Indeed, such factors cannot even guarantee survival as a living language —— as is clear from the case of Latin, learned today as a classical language by only a scholarly and religious few. Correspondingly, inconvenient structural properties (such as awkward spelling) do not stop a language achieving international status either.

A language becomes an international language for one chief reason: the political power of its people —— especially their military power. The explanation is the same throughout history. Why did Greek become a language of international communication in the Middle East over 2,000 years ago? (d) because of the intellects of Plato and Aristotle: the answer lies in the swords and spears wielded by the armies of Alexander the Great.

But international language dominance is not solely the result of military might. It may take a militarily powerful nation to establish a language, but it takes an economically powerful one to maintain and expand it. (e)This has always been the case, but it became a particularly critical factor early in the twentieth century, with economic developments beginning to operate on a global scale, supported by the new communication technologies —— telegraph, telephone, radio —— and fostering the emergence of massive multinational organizations. The growth of competitive industry and business brought an explosion of international marketing and advertising. The power of the press reached unprecedented levels, soon to be surpassed by the broadcasting media, with their ability to cross national boundaries with electromagnetic ease. Technology, in the form of movies and records, fuelled new mass entertainment industries which had a worldwide impact.

(f)<u>Any language at the center of such an explosion of international activity would suddenly have found itself with a global status.</u> And English was in the right place at the right time. By the beginning of the nineteenth century, Britain had become the world's leading industrial and trading country. By the end of the century, the population of the USA (then approaching 100 million) was larger than that of any of the countries of western Europe, and its economy was the most productive and the fastest growing in the world. British political imperialism had sent English around the globe, during the nineteenth century, so that it was a language 'on which the sun never sets'. During the twentieth century, this world presence was maintained and promoted through the economic supremacy of the new American superpower. And the language behind the US dollar was English.

注　*endings on its words：単語の語尾変化
　　*the difference between masculine, feminine, and neuter gender：名詞の，男性・女性・中性の区別

問1　本文中の下線部(a)を和訳せよ。ただし，itが指す内容を明確にすること。

問2　本文中の下線部(b)は具体的にどのような内容を指しているか，日本語で答えよ。

問3　本文中の空所（　c　）を補うのに最も適当な語はどれか。(イ)〜(ニ)から一つ選び，記号で答えよ。
　　(イ)　how　　　(ロ)　when　　　(ハ)　where　　　(ニ)　why

問4　本文中の空所（　d　）を補うのに最も適当な語はどれか。(イ)〜(ニ)から一つ選び，記号で答えよ。
　　(イ)　Not　　　(ロ)　Precisely　　　(ハ)　Probably　　　(ニ)　This is

問5　本文中の下線部(e)は具体的にどのような内容を指しているか，日本語で答えよ。

問6　本文中の下線部(f)を和訳せよ。

(解答解説 p.128〜)

問題 18   目標時間：35 分

次の英文を読んで，問いに答えよ。

　In the family album, my grandfather seems almost real, almost on the point of speaking. But his clothes, the frock coat, mark him as a historical being remotely distant in time.

　(1)That it is *our* death which is in question, and not just theirs, becomes apparent when we look at photographs of ourselves. They awaken a sense of loss because they work against the *integrative functions of forgetting. Photographs are the freeze frames that remind us how discontinuous our lives actually are. It is in a tight weave of forgetting and selective remembering that a continuous self is knitted together. Near the end of his life, Roland Barthes talked about the hope — and the passion for life — that forgetting makes possible. "In order to live, I have to forget that my body has a history. I have to throw myself into the illusion that I am the contemporary of these young bodies who are present and listening to me, and, not of my own body weighed down with the past. From time to time, in other words, I have to be born again, I have to make myself younger than I am. I let myself be swept along by the force of all living life — forgetting."

　(2)Photographs do not always support the process of forgetting and remembering by which we weave a whole and stable self over time. The family album does not always call up the stream of healing recollection that binds together the present self and its past. More often than not photographs destroy the continuity that memory weaves out of experience. Photography stops time and serves it back to us in separate fragments. Memory integrates the visual within a weave of myth. (3)The knitting together of past and present that memory and forgetting achieve is mythological, because the self is constantly imagined, constructed, invented out of what the self wishes to remember. The photograph acts toward the self like a mirror lit too bright. Look at a picture of yourself at four or five, and ask yourself honestly whether you can feel that you are still this tender self, looking into the camera. As a record of our forgetting, the camera has played some part in causing our characteristic modern suspicion about the self-deceiving tricks of our consciousness. Memory heals the scars of time. Photography documents the wounds.

注　*integrative : combining or incorporating into a whole or into a larger unit

問1　下線部(1)を和訳しなさい。

問2　下線部(2)を和訳しなさい。

問3　下線部(3)を和訳しなさい。

問4　memory と photography の違いについて，本文に即して110字以内の日本語で述べなさい。

問題 19

目標時間：35分

次の英文を読んで，問いに答えよ。

　The grammarian knows that in a long and useful life he will never arrive at a single meaning for 'Flying airplanes can be dangerous'. But nobody misinterprets this sentence in any real context. In the real-life jungle of misunderstandings, outlines are less clear and misunderstandings more various. There is always someone who says something to someone somewhere, and none of (1)these variables can be neglected, because all affect the understanding of what is said.

　It is useful to distinguish between 'understanding', the ultimate purpose of communication, and 'arrival at a meaning', which resembles 'understanding' but, particularly in a discussion of poetry perhaps, can be distinguished from it. (2)Understanding is occasionally less than arriving at a meaning. Children may be said to 'understand' the nursery rhyme 'Hey Diddle Diddle' if they recognize the normal words in it and enjoy hearing and chanting it, though they could hardly be said to 'know what it means' in a full *referential sense. Does anyone? Probably some effects in poetry are so complex that their meaning is not reached in all its complexity by most people who enjoy the poems and may be said to understand them. (3)No poet would welcome an approach to poetry which sees it all as a warm, sentimental, indefinite feeling promoted by all *soporific word-patterns, but neither does a poet profit from an opposite fault in readers so anxious to get at literal meaning first that the receptive alertness required for poetry is destroyed. One poet even tells us that 'a poem should not mean but be', but this was in a poem.

　(4)If understanding is sometimes less than a full extraction of referential meaning in words, it is also frequently more. I recall with embarrassment an occasion on a bus in Tours when a large healthy-looking man informed me that he was a *mutilé de guerre*. I understood his words, but thought he was making conversation in a rather odd way, failing to realize that in France one may be expected to surrender one's seat to a man who was once injured in war. I did not understand (5)the situation, and if he wore a badge or if the seat was labelled, I did not know what to look for.

注　*referential：指示的な；辞書的な
　　*soporific：眠気を誘う
　　*mutilé de guerre：戦争負傷兵（フランス語）

問1　下線部(1)の these variables の内容を具体的に説明しなさい。

問2　下線部(2)をわかりやすく和訳しなさい。

問3　下線部(3)を和訳しなさい。

問4　下線部(4)をわかりやすく和訳しなさい。

問5　下線部(5)の the situation の内容を具体的に説明しなさい。

(解答解説 p.146 ～)

問題 20　　　　　　　　　　　　　　　目標時間：35分

次の文を読んで，問いに答えよ。

(1)To survive, psychologically as well as physically, human beings must inhabit a world that is relatively free of ambiguity and reasonably predictable. Some sort of structure must be placed upon the endless profusion of incoming signals. The infant, born into a world of flashing, hissing, moving images, soon learns to adapt by resolving this chaos into toys and tables, dogs and parents. (2)Even adults who have had their vision or hearing restored through surgery describe the world as a frightening and sometimes unbearable experience; only after days of efforts are they able to transform blurs and noises into meaningful and therefore manageable experiences.

It is commonplace to talk as if the world "has" meaning, to ask what "is" the meaning of a phrase, a painting, a contract. (3)Yet when thought about, it is clear that events are devoid of meaning until someone assigns it to them. There is no appropriate response to a bow or a handshake, a shout or a whisper, until it is interpreted. A drop of water and the color red have no meaning — they simply exist. (4)The aim of human perception is to make the world intelligible so that it can be managed successfully; the attribution of meaning is a prerequisite to and preparation for action.

問1　下線部(1)を和訳しなさい。

問2　下線部(2)を和訳しなさい。

問3　下線部(3)を和訳しなさい。

問4　下線部(4)を和訳しなさい。

(解答解説 p.156 〜)

駿台受験シリーズ

英文読解の着眼点
〈改訂版〉
言い換えと対比で解く

桜井博之 著

駿台文庫

はじめに

　本書は，標準〜上級レベルの国公立大学2次試験の読解総合問題を解く力の養成と完成をねらいとして編まれています。

　読解総合問題の内訳としては，下線部和訳，下線部内容説明，空所補充，語句パラフレーズ，語句整序，内容一致などがありますが，最近の国公立大学の入試問題を分析してみると，承前語句の内容説明，下線部語句の具体的内容説明・理由説明，2者間の相違説明といった設問形式が大半を占めていることがわかります。こうした設問で受験生に要求されているのは，同趣旨の内容の「言い換え関係」，対照的な内容の「対比関係」，原因→結果あるいは理由→結論の「因果関係」など，文脈上の「つながり」を見抜く力に他なりません。出題者の狙いがこうであるからには，問題を解く側としては，「言い換え」，「対比」，「因果関係」などを見抜く目をもって設問に取り組むことが必要になってきます。「言い換えと対比で解く」という本書のサブタイトルは，以上のような事情を踏まえて，解答の際の着眼点を簡潔に表すためにつけられたものです。

　本書は，このような「つながり」を見抜いて解く問題に焦点を合わせ，常に一定の着眼点で問題を解く練習ができるように配慮されています。「たまたま答があった」，「なんとなくできた」を繰り返していては，自信につながらず，入試本番で得点できる保証は得られません。設問のタイプごとの解法プロセスを追って考える練習を積み重ねていけば，みなさんの頭の中に，効率的な正しい思考回路ができあがり，短時間で正解に至ることができるようになるでしょう。

　長文の読み方と読解問題の解き方に焦点を合わせたこの問題集では，ページ数の制限からすべての文について文法や構文の詳しい説明を行うことはできません。文脈を読解する以前に，1つ1つの文が読めないという人は，本書の前に，あるいは，本書と平行して，基礎的な語彙力，文法知識，構文把握力を充実させてください。

　なお，本書は，実際の入試問題と新作問題からなっていますが，入試問題でも，国公立大学の2次試験で要求されている思考力を鍛えることができるように，一部改題してあることをおことわりしておきます。

本書の使い方

1. まず Part I に目を通し，英文の「まとまり」のつかみ方，「つながり」のたどり方の基本と，「つながり」を読みとる力を試す設問の解き方を頭に入れましょう。

2. 次に，制限時間を目安にして，Part II の問題の答（答の第 1 案）を出してみましょう。時間の余裕があれば，さらに時間をかけて考え，答の第 2 案を作ってみることをおすすめします（答合わせのときに，第 1 案と第 2 案を見比べれば，間違ったのが，解答時間のせいなのか，英文読解力そのものの欠陥によるものなのかが明らかになって，弱点強化対策を立てやすくなります）。

3. 問題を解き終わったら，単に答合わせをするだけでなく，正解した設問については解答の筋道が正しかったかどうか，間違った設問についてはどう考えればよかったのかを，解説を読みながらじっくりと検討しましょう。

    解説の各設問番号の後には，「(設問形式 ➡ **解法 INDEX** ＊)　着眼点：＊＊＊」が記されています。設問のタイプごとの解答プロセスは解法 INDEX の参照ページにまとめてありますので，適宜，参照してください。また，「着眼点」は，その問題を解くときに必要な視点を示しています。

    問1　(下線部内容説明問題 ➡ **解法 INDEX** ③ p.21)
    　　　承前語句と比較表現に注意しよう

4. 解説中の **本文読解のポイント**，**パラグラフメモ** は，英文の流れと全体の要旨をつかむという長文読解力そのものを養うために，各問を解き終わった後に参照しておきましょう。なお，各問題解説の最初に掲げてあるのが，その英文の要旨を簡潔に述べた「表題」です。

5. 解説の文章は，別冊②『英文見取り図編』を見ながら読むと，いっそう理解しやすくなります。『英文見取り図編』には，解答を出すのに役立つ「言い換え」，「対比」，「因果」などの関係が，様々な線や印で記されています。例を見てみましょう。

① Language acquisition has long been thought of as a process of imitation and reinforcement. ② Children learn to speak, in the popular view, by copying the utterances heard around them, and by having their responses strengthened by the repetitions, corrections, and other reactions that adults provide. ③ In recent years, it has become clear that this principle will not explain all the facts of language development. ④ Children do imitate a great deal, especially in learning sounds and vocabulary; but little of their grammatical ability can be explained in this way. ⑤ Two kinds of evidence are commonly used in support of this criticism —— one based on the kind of language children produce, the other on what they do not produce. (p.11 例題1)

① A prudent employer would take the time to analyze the incentives workers might list as their reasons for working —— and most importantly, the order in which they list them. ② A recent study disclosed that money was number seven on such a list. ③ Topping it was satisfaction in performing the job. ④ Obviously, that good feeling one gets from having accomplished something is still the best reward for hard labor. ⑤ But workers also need to know they are doing their job well, and the major deficiency within management today is the failure of telling them so.

(p.23 例題4)

(¶ はパラグラフ，①，②などの番号は第1文，第2文などの文番号，同じ種類の線や印を施した部分は言い換え，△⇔▽は前者と後者が対比関係にあることを，それぞれ示しています)

最初の数題で書き込みのコツがわかったら，このように語句と語句の「関係」をよく考えて，「言い換え」，「対比」，「因果関係」などのつながりを示す語句に下線や印をつけてみてください。最初は的外れなところに印をつけてしまうかもしれませんが，毎回，解説文を熟読し，反省を繰り返すうちに，的確なところに印がつけられるようになってきます。こうした書き込みができるようになれば，試験場での頭の整理に役に立つでしょう。

CONTENTS

Part I 読み方・解き方の基本

1　パラグラフのまとまりをつかむ……………………………………………… 10
2　パラグラフ内のつながりをたどる
　§1　明示的なつながり
　　1．承前語句によるつながり……………………………………………… 11
　　2．「つなぎ言葉」によるつながり……………………………………… 14
　§2　暗示的なつながり
　　1．同意表現の言い換え…………………………………………………… 20
　　2．反意語による対照……………………………………………………… 23
　　3．その他の「暗示的な」つながり……………………………………… 26

解法 INDEX　（別冊2の巻末にもまとめて掲載してあります）

① 承前語句問題の解法……………………………………………………… 12
② 理由説明問題の解法……………………………………………………… 18
③ 下線部内容説明問題の解法……………………………………………… 21
④ 下線部和訳問題の解法…………………………………………………… 24
⑤ 空所補充問題の解法……………………………………………………… 32
⑥ 同意表現の抜き出し問題の解法………………………………………… 35
⑦ 対比的内容の説明問題の解法…………………………………………… 37
⑧ 空所補充選択問題の解法………………………………………………… 45
⑨ 言い換え文の空所補充問題の解法……………………………………… 63
⑩ 対照的表現の抜き出し問題の解法……………………………………… 74
⑪ 内容一致問題の解法……………………………………………………… 88
⑫ 下線部のない内容説明問題の解法……………………………………… 112
⑬ 語句パラフレーズ問題の解法…………………………………………… 119
⑭ 語句整序問題の解法……………………………………………………… 121
⑮ リード付き内容一致問題の解法………………………………………… 123

Part II　問題演習（解説・全訳）

問題1	30
問題2	35
問題3	39
問題4	45
問題5	50
問題6	56
問題7	61
問題8	67
問題9	74
問題10	80
問題11	85
問題12	92
問題13	98
問題14	103
問題15	111
問題16	118
問題17	128
問題18	135
問題19	146
問題20	156

コラム

① つながりを示す比較表現 … 31
② 未知の単語の類推法 … 42
③ 主要な反意語 … 166

別冊1 …… **問題編**
別冊2 …… **英文見取り図編＋解法INDEXまとめ**

英文読解の着眼点
〈改訂版〉
言い換えと対比で解く

Part I
読み方・解き方の基本

1 パラグラフのまとまりをつかむ

　文章とは，縦糸と横糸で織りなされた言葉の織物のようなもので，絨毯の模様に一貫性があるように，すぐれた文章には**一貫性**があって，1つの「**まとまり**」をなしています。この一貫性を読みとることが英文読解の最終目標ですが，これを見抜くにはちょっとしたコツがあります。長文を読むときに，いきなり全文を相手にしようとすると，読みとった内容がなかなか頭に残らず，読み終えても，全体として何が言いたい文なのかはっきりしないということがよく起こります。そこで，お勧めしたいのが，長い文章を短い区分に分けること，すなわち，**長文を，その構成要素であるパラグラフ単位で見ていく**ことです。

　次のイメージ図でわかるように，文章という「全体」は，パラグラフ（段落）という「部分」からなっており，パラグラフは，今度は，センテンス（文）という「部分」からなり，センテンスは「単語」からなっています。パラグラフは，1つの主たる情報と，それを支える細部からなっているのがふつうですから，長文を読解するときは，**パラグラフを1つ読んだら振り返って，「ここで言いたいことの中心は何だったのか」**と，要点を頭の中でまとめてみるようにしましょう。ふだんの練習では，パラグラフごとに内容の小見出しをつけるような気持ちで，パラグラフ・メモをとる習慣をつけるとよいでしょう。

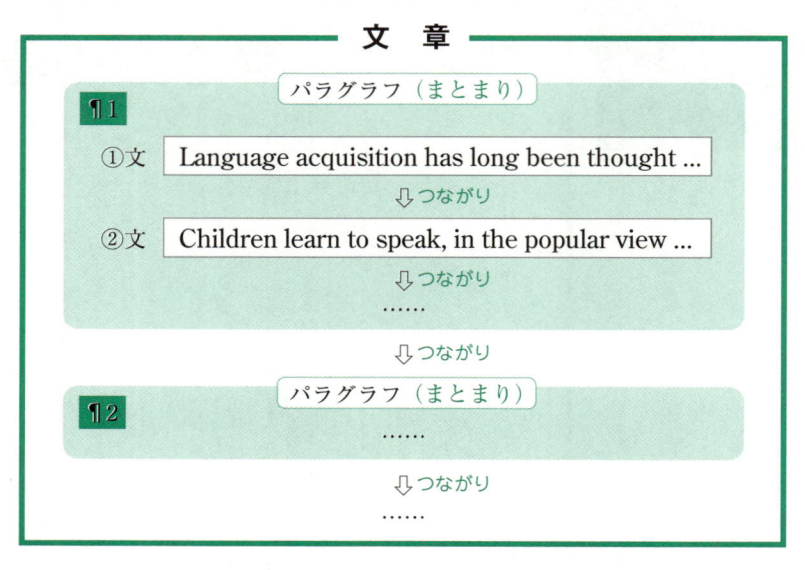

```
                    文　章
┌─────────────────────────────────────┐
│         ┌─ パラグラフ（まとまり）─┐       │
│  ¶1     │                          │       │
│   ①文   │ Language acquisition has long been thought ... │
│         │         ⇩つながり         │       │
│   ②文   │ Children learn to speak, in the popular view ... │
│         │         ⇩つながり         │       │
│         │         ……               │       │
│         └──────────────────────────┘       │
│                 ⇩つながり                   │
│         ┌─ パラグラフ（まとまり）─┐       │
│  ¶2     │         ……               │       │
│         │         ⇩つながり         │       │
│         │         ……               │       │
│         └──────────────────────────┘       │
└─────────────────────────────────────┘
```

　パラグラフごとに要点をおさえていく「パラグラフ・リーディング」は，読解問題のうち，とりわけ「内容説明」，「内容一致」といった設問で大いに役立ちます。

2　パラグラフ内のつながりをたどる

　ここでは，入試問題の作成者が受験生に読みとらせようとしている**「つながり」**にはどのようなものがあるのか，その読解力を試すのにどういった設問がつけられるのか，そして，その問題の解法はどういうものかを見ていくことにしましょう。

　つながりには，ある部分とある部分とがつながっていることが「つなぎ言葉」によって明らかに示されているもの（これをここでは「明示的なつながり」と呼ぶことにします）と，いわゆる「つなぎ言葉」はないが意味内容の点で関連しているもの（これを「暗示的なつながり」と呼ぶことにします）とがあります。

§1　明示的なつながり

1．承前語句によるつながり

　承前語句とは，「前に述べたことを受け継ぐ言葉」のことで，次のようなものがあります。

定冠詞	the ...	その…
代名詞	it	それ／そのこと
	such	そのようなもの
指示代名詞	this	このこと
	that	そのこと
指示形容詞	this ...	この…
	that ...	その…
形容詞	such ...	そのような…
副詞	so ...	それほど…
	otherwise	そうでなければ

　承前語句が指しているものを記述説明させる問題は，国公立大の読解問題で最もよく見られる設問のうちの1つですから，**承前語句を見たら，何を受けているかを必ずチェックする**（たとえば，同じものに線を引いたり，印をつけたりする）習慣をつけましょう。

例題1　承前語句の問題

問　次の英文の下線部の this principle とは具体的にどのようなものか，説明しなさい。

　① Language acquisition has long been thought of as a process of imitation and reinforcement. ②Children learn to speak, in the popular view, by copying the utterances heard around them, and by having their responses strengthened by the repetitions, corrections, and other reactions that adults provide. ③In recent years, it has become clear that this principle will not explain all the facts of language development. ④Children do imitate a great deal, especially in learning sounds and vocabulary; but little of their grammatical ability can be explained in this way. ⑤Two kinds of evidence are commonly used in support of this criticism — one based on the kind of language children produce, the other on what they do not produce.

解答

自分の身の回りで耳にする発言をまね，大人が行う反復，訂正，その他の反応によって自分の発言を強化することを通じて言語を習得していくという考え方。

設問の解き方

解法 INDEX ①

承前語句問題の解法
- 解答プロセス１：下線部を含む文の意味をつかむ
  下線部の承前語句を含む箇所の意味を正しくつかむ。
- 解答プロセス２：該当箇所を特定する
  承前語句が指す内容を求めて，文脈をさかのぼり，該当箇所を特定する。
- 解答プロセス３：答のまとめ方に注意する
  問いに対してふさわしい答になるよう，答のまとめ方に注意する。

解答プロセス
1　下線部を含む文の意味をつかむ

下線部を含む文の意味が「しかし近年，こうした考え方では，言語発達の事実のすべての説明にはならないということが明らかになった」であり，ここでのprincipleが「考え方；理論」の意であることをつかむ。

2　該当箇所を特定する

「この考え方」の内容を求めて，前の文脈に目を向ける。すると，①に「…は〜と考えられていた（... has ... been thought of as 〜）」とあり，②には「一般的な考え方では（in the popular view）」とあるので，①と②に「考え方」が書かれて

いることがわかる。

ここで、①と②が言い換え関係にあることに気づけるかどうかがポイント。すなわち、

①	⇒	②
language acquisition	⇒	learn to speak
has been thought of as ...	⇒	in the popular view
imitation	⇒	copying the utterances heard around them
reinforcement	⇒	having their responses strengthened by ...

といった対応関係を発見しよう。

①の「模倣」を言い換えたのが、②の「自分の身の回りで耳にする発言をまねること」であり、①の「強化」を言い換えたのが②の「大人がおこなう反復、訂正、その他の反応によって自分の発言を強化すること」である。設問の要求は、「具体的にどのようなものか説明しなさい」であるから、より具体的な②の内容を解答に盛り込むのがよい。

3 答のまとめ方に注意する

問われたのと同じ形式で答えるのが鉄則。すなわち、「…とはどういうことか」と問われたら、「…ということ」と答え、本問のように、「この principle とはどのようなものか」と問われたら、「…という考え方」と答を締めくくるのがよい。

以上より、「自分の身の回りで耳にする発言をまね、大人がおこなう反復、訂正、その他の反応によって自分の発言を強化することを通じて言語を習得していくという考え方。」とまとめると答となる。

パラグラフメモ

表題：言語習得の通説の見直し

言語習得 —— 模倣と強化の過程だとする通説

しかし

こうした考え方 —— 言語発達の事実のすべての説明にならないと判明

全訳

①言語習得は、模倣と強化の過程であると、長らく考えられてきた。②子どもは、周りで耳にする発言をまね、大人が行う反復、訂正、その他の反応で自分の発言を強化することによって、言

葉を話せるようになる，というのが一般的な考え方である。③しかし近年，こうした考え方では，言語発達の事実のすべての説明にはならないということが明らかになった。④たしかに子どもは，とりわけ音と語彙を学ぶときに，多くを模倣するが，このような考え方では，子どもの文法能力はほとんど説明できない。⑤こうした批判を支えるものとして，ふつう，2種類の証拠が用いられる。ひとつは，子どもが生み出す類の言語に基づく証拠であり，いま一つは，子どもが生み出さないものに基づいた証拠である。

2．「つなぎ言葉」によるつながり

ここでいう「つなぎ言葉」とは，接続詞や接続副詞を含めて，話のつながりを示すための言葉のことです。link words「連結語句」と呼ばれたり，discourse marker「談話マーカー」と呼ばれたりする「つなぎ語」には，以下のようなものがあります。

(i) 順接的な関係を示すもの（A＝B；A⇒B）

① 追加（前に述べたことに追加するときの合図）	
and	そして
also ...	また…も
... as well ... too	…もまた
at the same time ...	それと同時に…
additionally besides furthermore in addition moreover what is more	そのうえ
in addition to ...	…に加えて
similarly ... likewise ... in the same way ...	同様に…
② 列挙（いくつかのことを順に並べるときの合図）	
first firstly in the first place	第一に
for a start to begin with	まず始めに

to start with	まず始めに
for one thing	一つには
for another	また一つには
second secondly in the second place	第二に
next then	次に
on top of that	そのうえ
third thirdly	第三に
finally last	最後に

③ 言い換え（前に述べたことを言い換えるときの合図）

in other words or to put it differently	言い換えると
namely that is that is to say	つまり
to be more precise	もっと正確に言うと

④ 要約（前に述べたことをまとめて手短に言い表すときの合図）

altogether in conclusion to conclude to sum up to summarize in summary	要するに
briefly in a word in brief in short to put it briefly	手短に言うと

⑤ 例示（前に述べたことの具体例をあげるときの合図）

An example of this is …	この例は…である
This is seen in …	これは…に見られる
for example for instance	たとえば

such as ... like... say, ...	…のような
Let's take ... (as an example) Take ... (as an example)	…を（例として）取り上げてみよう
to take an example	一例をあげると
... as follows: 〜	…は次の通りである。すなわち〜
by way of illustration as an illustration	例として
in illustration of ...	…の例証として
... is illustrated by 〜	…は〜によって例証されている

⑥ 一般化（一般論を持ち出すときの合図）

all in all as a rule generally speaking in general on the whole overall	概して
broadly speaking	おおざっぱに言って
in most cases mostly	たいていは

⑦ 結果・結論（前に述べたことの帰結を述べるときの合図）

as a result consequently in consequence	その結果…
in the final analysis	結局のところ…
it follows (from 〜) that ...	（〜から）…ということになる
accordingly for that reason hence therefore this is why ...	この理由で…
so then	それで…；だから…
taken together	全体として考えれば
all these taken together	これらを総合すると…
thus	こういうわけで

⑧ 理由・論拠（あることの理由を述べるときの合図）	
as because because of due to since	…という理由で
seeing that ...	…であるからには
for ...	というのも…だからである
the reason is that ...	その理由は…である
this is because ...	これは…だからである

(ii) 逆接的な関係を示すもの（A⇔B）

① 逆接（対立する事柄を述べるときの合図）	
but however yet	しかし
all the same and yet nevertheless nonetheless still	それにもかかわらず
in spite of ... for all ... with all ...	…にもかかわらず
although ... though ...	…だが
despite ... notwithstanding ...	…だが
② 対比・対照（異なるものを対置して違いを浮き彫りにするときの合図）	
by contrast in contrast by comparison	対照的に
instead	そうではなくて
instead of ...	…ではなくて
on the contrary	それどころか
on the other hand ... while ... whereas ...	一方…

国公立大の読解問題では，あることの「言い換え」を文中から探させたり，「理由」や「具体的内容」を説明させたり，「具体例」を挙げさせたり，異なる２つのことの相違を対比的に説明させたりする設問が頻出していますので，上記の**「つなぎ語」には常に細心の注意を払い，話がどのように「つながっている」のかを確認する**ようにしましょう。

例題２　理由説明問題

問　次の英文の下線部について，なぜそうなるのか，本文にそって，日本語で説明せよ。

① A free society like ours tries to have as few controls as possible. ② In great measure the people are expected to police themselves. ③ However, our society has become very large. ④ Relationships between individuals, organizations, and the government have become more and more complex. ⑤ As a result, more laws and more government agencies have come into being. ⑥ They are needed to help direct those complex relationships. ⑦ But some people worry about our growing number of agencies and regulations. ⑧ Some people think we should stop passing so many laws. ⑨ They think we should stop giving the government so many responsibilities.

解答
社会が非常に大規模になり，個人，組織，政府の間の関係がますます複雑になったから。

設問の解き方

解法 INDEX ②

理由説明問題の解法
- **解答プロセス１：下線部を含む文の意味をつかむ**
  下線部を含む文の意味を正しくつかむ。
- **解答プロセス２：該当箇所を特定する**
  「因果関係」を表す「つなぎ言葉」に注意して，原因・理由を述べている箇所を特定する。そうした明示的な「つなぎ言葉」がない場合は，前後に書かれている内容から原因・理由となる部分を探し出す。
- **解答プロセス３：答のまとめ方に注意する**
  問いに対してふさわしい答になるよう，答のまとめ方に注意する。

解答プロセス

1　下線部を含む文の意味をつかむ

　As a result, more laws and more government agencies have come into being. は「その結果，いっそう多くの法律といっそう多くの統治機関が生まれた」の意である。

2　該当箇所を特定する

　「結果」を示すつなぎ語である as a result に注目しよう。「結果として…となった」と書かれている本文に対して，「なぜそうなるのか」という設問がついているわけであるから，答は下線部の前にあるはずである。

　そこで，下線部の前の内容を整理してみると次のようになる。

> ①　自由社会はできるだけ規制を減らそうとする。
> ②　人々は自己規制をするものと思われている。
> ③　しかし，社会は非常に大規模になった。
> ④　個人，組織，政府の間の関係はますます複雑になった。

　①と②には，「多くの法律と統治機関の誕生」とは矛盾することが書かれていることに注意しよう。自由社会は規制を減らそうとするはずなのに，多くの法律と統治機関が生まれたのはなぜかと言うと，③，④に書かれているように，「社会が非常に大規模になり，個人，組織，政府の間の関係がますます複雑になったから」だということになる。

3　答のまとめ方に注意する

　「なぜそうなるのか」という問いの形式に呼応させて，「…だから。」と答を締めくくる。

パラグラフメモ

> **表題：現代社会に多くの法律と統治機関が誕生した理由**
> 　現代のような自由な社会 ── 規制を少なくしようとする
> しかし
> 　現代社会 ── 大規模化，社会内の関係の複雑化
> その結果
> 　多くの法律といっそう多くの統治機関の誕生

> **全訳**
> ①現代のような自由な社会はできるだけ規制を少なくしようとする。②人々は大部分，自分で自分を規制するものと思われている。③しかしながら，現代社会はたいへん大規模なものになっている。④個人，組織，統治機関の間の関係はますます複雑になっている。⑤その結果，いっそう多くの法律といっそう多くの統治機関が生まれた。⑥それらは，こうした複雑な関係の管理を助けるのに必要とされている。⑦しかし，一部の人々は，機関や規制がますます増えているのを憂慮している。⑧これほど多くの法律を可決するのはやめるべきだという考えの人もいる。⑨統治機関にかくも多くの責任を負わせるのはやめるべきだというのが彼らの考えである。

§2　暗示的なつながり

　つながりには，AとBがつながっているということが，「つなぎ言葉」によって明示されていない場合があります。これを，ここでは，「暗示的なつながり」と呼んでいます。たとえば，statement「言明」と proposition「主張」とは，文脈によっては同意語として使われることがあり，in other words「言い換えると」などの「明示的なつなぎ言葉」がなくても，両者は意味の上で「つながって」います。また，physical「物理的な」と spiritual「精神的な」とは対照的な意味をもつ形容詞ですが，in contrast「対照的に」といった「明示的なつなぎ言葉」がなくても，両者は対照的な意味のものとして「つながって」います。入試の読解問題では，こういった「暗示的なつながり」を見抜く力を試しているものが多いので，とりわけ，「つなぎ言葉」なしの「言い換え関係」や「対照的関係」に注意を払って読む習慣をつけましょう。

1．同意表現の言い換え

　論説文の目的はある一定の主張をして読者を説得することですが，そういったときに，まったく同じ表現が単調に繰り返されることは多くありません。音楽でもまずテーマがあって，その変奏があるように，英文でも，すぐれた書き手が書く場合には，同じ趣旨のことが様々に言い換えられ，変奏されていくのがふつうです。逆に，同一の表現が意図的に繰り返されている場合は，それが極めて重要なキーワードであることを物語っています。**見かけは違っていても，実は同じことを言っている「同意表現の繰り返し」に十分な注意**を払いましょう。

例題3　下線部内容説明問題

問　次の英文の下線部はどのような内容を指しているか，本文に即して日本語で述べなさい。

①The time has come for what science historians see as <u>a shift in the theory</u>.　②They observe that as the scientific understanding of reality in a field advances, reaching a point where existing theory no longer adequately explains reality, then theory has to change.　③It has to be updated, replacing the old theory with a new one.　④Perhaps history's best known example of this is the shift from the Ptolemaic view of the world in which the sun revolved around the earth, to the Copernican view, which argued that the earth revolved about the sun.　⑤Once the Copernican model was accepted, relationships not only within the solar system but between the solar system and the rest of the universe suddenly made sense to those who studied the heavens, leading to an era of steady advances in astronomy.

解答
　ある分野で現実に関する科学的理解が進展して，既存の理論ではもはや現実を適切に説明できない点に達すると，理論が変わらざるをえなくなるということ。

設問の解き方

解法 INDEX ③

下線部内容説明問題の解法
- 解答プロセス1：下線部を含む文の意味をつかむ
　　下線部を含む文の意味を正しくつかむ。
- 解答プロセス2：該当箇所を特定する
　　前後の文脈に目を向けて，「同意表現の繰り返し」に注意しながら，下線部と同じ内容を述べている箇所を特定する。
- 解答プロセス3：答のまとめ方に注意する
　　問いに対してふさわしい答になるよう，答のまとめ方に注意する。

解答プロセス

1 下線部を含む文の意味をつかむ

下線部を含む文の意味は,「科学史家が理論における変化(shift)とみなしているもののための時が来ている」である。

2 該当箇所を特定する

「理論における変化」と同趣旨のことを探すつもりで後の文脈に目を向けると,②に theory has to change「理論は変化しなければならない」とあるのに気づくはず。They observe …「科学史家は…と述べている」という表現からわかるように,②の that 節内には科学史家の考えが書かれているので,下線部の(科学史家のいう)「理論における変化」の説明が,② の that 節内にあることがわかる。

①	⇒	②
a shift in the theory	同趣旨のことの言い換え	as the scientific understanding of reality in a field advances, reaching a point where existing theory no longer adequately explains reality, then theory has to ***change***

答の該当箇所がわかったところで,語句の解説をしておこう。

* **as the scientific understanding of reality in a field advances** は「ある分野で現実に関する科学的理解が進展すると」の意の副詞節で,theory has to change を修飾している。

* **reaching a point where existing theory no longer adequately explains reality**「既存の理論ではもはや現実を適切に説明できない点に達する」は,the scientific understanding … advances「…科学的理解が進展する」を修飾する分詞構文であるが,この部分は「進展」の「結果」を示しているので,「…進展して…に達する」と前から後ろへ意味をとっていくのがよい。

* **then theory has to change** の then は「そうなると」の意で,as …「…すると」の部分を受けたもの。

3 答のまとめ方に注意する

「理論における変化」という表現が指す内容を問われている。言い換えれば,「理論における変化」とは具体的にどういうことかと問われているわけだから,上で突き止めた該当箇所をふまえて,「ある分野で現実に関する科学的理解が進展して,既存の理論ではもはや現実を適切に説明できない点に達すると,理論が変わらざるを

えなくなること。」と答を締めくくる。

パラグラフメモ

> **表題：理論転換の時の到来**
> 理論転換の時の到来
> 既存の理論で現実を説明できなくなるときに理論が必ず変化

> **全訳**
> ①科学史家のいう理論転換の時が来ている。②科学史家によると，ある分野で現実に関する科学的理解が進展して，既存の理論ではもはや現実を適切に説明できない点に達すると，理論が変わらざるをえなくなるという。③古い理論を新しい理論に置き換えて，理論を更新しなければならないのである。④おそらく，この例として歴史上最もよく知られているのは，太陽が地球の周りを回っているというプトレマイオスの世界観から，地球が太陽の周りを回っていると主張したコペルニクスの世界観への転換だろう。⑤ひとたびコペルニクスの理論が受け入れられると，天体の研究者には，太陽系の内部の関係だけでなく，太陽系とそれ以外の宇宙との関係も，突如として理解できるようになり，天文学が着実に進歩する時代の幕が開いたのである。

2　反意語による対照

　物事を対比的に捉えるのは西洋人の伝統的な思考法です。「単純な二分法ではとらえられない」などと，現代思想において「二項対立」の思考の限界が叫ばれるのも，二項対立の思考がいかに根深いものであるかを逆に物語っています。

　対比の論法は，物事の対照的な側面を指摘したり，逆を持ち出すことで，力点を置きたいことの特徴を浮き彫りにしたりするために用いられます。すべての英文が「対比」の論法で書かれているわけではありませんが，限られた語数で一貫したことを述べている素材文が好まれる入試問題では，対比を軸に綴られた文章が選ばれることが多いのは事実です。ですから，入試の英文を読むときは，**対比関係はないかと探す心積もりをしておく**とよいでしょう。探す目があれば，ものは見えてくるもので，問題意識をもつこと，「対比関係」を探す視点をもつことが大切です。

例題4　下線部和訳問題

問　次の英文の下線部の意味を日本語で表しなさい。

①A prudent employer would take the time to analyze the incentives workers might list as their reasons for working —— and most importantly, the order in which they list them. ② A recent study disclosed that money was number seven on such a list. ③ Topping it was satisfaction in performing the job. ④ Obviously, that good feeling one gets from having accomplished something is still the best reward for hard labor. ⑤ <u>But workers also need to know they are doing their job well, and the major deficiency within management today is the failure of telling them so.</u>

解答
　しかし，労働者には，自分が仕事をうまくこなしているということを知っておく必要もあり，今日，経営者側の大きな欠陥は，労働者にそういうことをうまく伝えていないということである。

設問の解き方

解法 INDEX ④

下線部和訳問題の解法
- 解答プロセス１：正確に構文をつかむ
  構文のルールに従って英文を正しくつかむ。
- 解答プロセス２：未知の部分を文脈から類推する
  未知の単語やわかりにくい箇所があれば，既知の部分や文脈から類推する。
- 解答プロセス３：できるだけ自然な日本語を心がける

解答プロセス
1　正確に構文をつかむ

◇ **But workers also need to know they are doing their job well**「しかし，労働者は，自分が仕事をうまくこなしているということを知っておく必要もある」
* workers also need to ... は，「労働者は…する必要もある」の意。also が用いられているのは，労働者に必要なものの２つ目を指摘するためである。すなわち，「労働者は，仕事の達成感だけでなく，うまく仕事をこなしていることを認めてもらうことも必要としている」というのが本文の趣旨。「労働者も（また）…する必要がある」では，「仕事をうまくこなしていることを知っておく必要がある」人が労働者の他にもいることになって奇妙。文脈上，そのような人への言及はない。

◇ **and the major deficiency within management today is the failure of telling them so**「今日，経営者側の大きな欠陥は，労働者にそういうことをうまく伝えていないということである」

* and 以下を，前の know の目的語に相当する部分として読むのは大きな誤解。「労働者は仕事がうまく運んでいることを知っておく必要があるのに，経営者側は労働者にそうしたことを知らせていない」という対比関係があることに注意しよう。
* the failure of V-ing は，標準英語の the failure to V と同意であり，「…しないこと」の意。
* tell them (= workers) so「彼らにそう告げる」とは，tell them that they (= workers) are doing their job well ということ。

2 未知の部分を文脈から類推する

　この文脈での management は，workers に対するものとしての「経営者側；経営陣」の意（ex. consultation between workers and management「労使の協議」）。この意味を知らなかったとしても，①の employer と worker との対照に注目し，the failure of telling them (= workers) so の tell の主語を思い描けば，management が，「管理」という行為ではなく，「経営者」の意であることが予想できるだろう。

パラグラフメモ

表題：労働者の勤労動機
労働者の勤労動機の首位 ── 仕事の達成感
経営者側の欠陥 ── 仕事ぶりの評価を労働者にうまく伝えていないこと

全訳

①思慮深い雇用主なら，労働者が働く理由として挙げる動機を ── そして最も重要なことだが，その動機が並べられる順位を ── 時間をかけて分析するだろう。②最近の研究によると，このような順位では，お金は７位であることがわかった。③首位に来たのは，仕事をするときの満足感だった。④何かをなしとげたことから得られる快感が依然として，つらい労働に対する最高の報いであることは明らかである。⑤しかし，労働者はまた，自分が仕事をうまくこなしているということを知っておく必要もあり，今日，経営者側の大きな欠陥は，労働者にそういうことをうまく伝えていないということである。

3　その他の「暗示的な」つながり

「下線部のようになる理由を説明しなさい」という設問も読解問題でよく見かけるものですが，「理由」を表す because や since といった「つなぎ言葉」があるかと思いきや，そうした「明示的なつなぎ言葉」がなくて，意味上，理由を表していると思われる箇所を探さなければならないような場合があります。こういうときは，内容をしっかり考えることが必要になってきます。

例題5　理由説明問題

問　下線部の "Is your mother there?" という問いかけに対して，"Yes!" と答えるだけでは不十分である。その理由を具体的に日本語で述べよ。

① There are in fact a large number of social rules about language that a child must learn to live successfully in society.　② Some of these rules are rules for conversational organization.　③ Children have to learn conversational rules about when to speak and when to be silent, how to enter a conversation, and when to speak directly and when indirectly.　④ Other rules children must learn are used in understanding what the speaker really means.　⑤ We often feel frustrated when speaking to children.　⑥ For example, when we ask a child over the phone, "Is your mother there?," the child may answer "Yes!," making no effort to fetch her.　⑦ Children have to learn these and other social rules for language use in order to live successfully in society.

解答

母親を電話口に出してほしいという話し手の真意を理解して，本当なら母親を呼びに行かないといけないところだから。

設問の解き方 ➡ **解法INDEX** ② p.18

解答プロセス
1　下線部を含む文の意味をつかむ

下線部を含む文の意味は，「たとえば，子どもに電話で『お母さん，いる？』と聞くと，『いる！』と答えるだけで，母親を連れて来ようとはしないことがある」である。

2 該当箇所を特定する

下線部を含む文が For example で始まっているのに注意しよう。この文は，前の2文で言われていることの例である。2つ前の文では，話し手の真意を理解するときの規則への言及があり，1つ前の文で，「子どもに話しかけるとき，いらいらすることが多い」とあることより，下線部を含む文は，子どもが，話し手の真意を理解するときの規則を学んでいないことを示す実例を述べたものであることがわかる。

この場合の「話し手の真意」とは，「お母さんを電話口に呼んできてほしい」ということであり，この意向を受けて本当なら母親を呼びに行くという行動に出なければならないところであるから，それをせずに，「いるよ」と答えるだけでは不十分だということになる。

したがって，「本当なら母親を呼びに行くという行動に出なければならないところであるから」というのが，問いの要求している「理由」である。

3 答のまとめ方に注意する

「理由を述べよ」という問いの形式に合わせて，「…という理由。」，あるいは「…だから。」と締めくくる。

パラグラフメモ

表題：子どもが学ぶべき言語に関する社会的規則

言語にまつわる多くの社会的規則 ── 子どもには学ぶ必要あり
こうした規則の一部 ── 会話の際の規則

全訳

①子どもが社会でうまく生きていくために学ばなければならない，言語にまつわる社会的規則が実はたくさんある。②こうした規則のうちの一部は，会話を組み立てるための規則である。③子どもは，いつ話し，いつ黙っているべきか，いかに会話に入っていけばよいのか，どういうときに直接的な話し方をし，どういうときに間接的な話し方をすべきなのかということに関する会話の規則を学ばなければならない。④子どもたちが学ばなければならない規則の中には，話し手の真意を理解する際に用いられるものもある。⑤私たちは子どもに話しかけるとき，いらいらすることが多い。⑥たとえば，子どもに電話で「お母さん，いる？」と聞くと，「いる！」と答えるだけで，母親を連れて来ようとはしないことがある。⑦子どもは，社会でうまく生きていくためには，言語に関するこうした社会的規則やその他の規則も学ばなければならないのである。

Part II
問題演習(解説・全訳)

| 問題 1 | 遊びと芸術（自発的で欲得抜きの活動） | 問題 p.2
見取図 p.2 |

解答
問1 自発的な活動であり，創造性が最もよく発揮されるのが強制のない場合だということ。（39字）
問2 ⓐ
問3 ⓐ

本文読解のポイント
「遊び」と「芸術」の類似関係，「自発性」と「強制」の対照的関係をマークしながら読めたかどうか。

設問の解き方
問1 （下線部内容説明問題 ➡ **解法 INDEX** ③ p.21）

◎ 承前語句と比較表現に注意しよう

解答プロセス
1 下線部を含む文の意味をつかむ
下線部(1)を含む文の意味が，「同じことは遊びについても当てはまる」であることをまず確認しよう。

2 該当箇所を特定する
the same「同じこと」とは，the same as this「（これ＝）今述べたのと同じこと」ということだから，これは承前語句 this の指示内容を問う問題である。this の内容を求めて前文に目を向けよう。前文によると，「芸術」について言えることは，「（それが）自発的な活動であって，創造性が最もよく発揮されるのは強制のない場合だということ」であるから，「遊び」についても，これと同じこと，すなわち，「（それが）自発的な活動であって，創造性が最もよく発揮されるのは強制のない場合だということ」が言えることがわかる。

3 答のまとめ方に注意する
「（これと）同じこと」とはどういうことかと問われているわけだから，「…ということ」と締めくくる。

なお，字数については，制限字数の9割は満たすようにしたい。字数超過については厳しく対処される可能性があるから，1字たりとも超過しないようにする。制限字数は，問題作成者が考えている解答例がどの程度のものであるかを示す手がかりであるから，字数オーバーの場合は，余計なものを盛り込んでいると，字数が足りない場合は，必要事項が抜け落ちていると考えて，今一度，検討しよう。

つながりを示す比較表現

コラム①

ここでいう比較表現とは，2つ（以上）のものを比べたうえでなされる表現で，いずれも，何と比べて，あるいは何を前提として述べられているかの確認が重要な語句ばかりである。

the same [as ...]	それと同じ (cf. in the same way)
equal [to ...]	それと等しい (cf. equally)
similar [to ...]	それに似た (cf. similarly)
different [from ...]	それとは異なる (cf. differently)
other [than ...]	それとは別の
as [as ...]	それと同じぐらい
so [as ...]	それと同じぐらい
more [than ...]	それよりもいっそう
less [than ...]	それよりもいっそう…でない

以上のものについては，[　]内の語句が同一文中に見あたらないときは，すでに前に述べられた部分が…の位置に入るため省略されたと考えればよい。

例 That wine is old. But this is twice as old [as that is].
「あのワインはふるい。しかしこっちのほうが2倍ふるい」

次のものも，前に述べたことをふまえた表現なので，「つながり」に注意しよう。

another	別の	else	そのほかに
otherwise	そうでなければ	too	それと同様に
also	それと同様に	as well	それと同様に

問2 （空所補充問題）

> 同意表現による言い換えに注意しよう

解法 INDEX ⑤

空所補充問題の解法
- 解答プロセス１：空所を含む文の意味をつかむ
- 解答プロセス２：前後の文脈を考える
  前後の文脈に，言い換えや対比の表現を探そう。

解答プロセス

1　空所を含む文の意味をつかむ

空所を含む文の意味は「遊びも芸術も本質的に自発的なものだということが認められるなら，両者とも一般的に言って（　2　）の活動だということになる」である。

2　前後の文脈を考える

¶2①の主節は，「遊びも芸術も本質的に自発的なものだ」という¶1の主張を確認した上で，そこから帰結することとして，「遊びと芸術は(2)の活動」と述べていることに注意しよう。

続く②，③は，Although A, B「AではあるがB」という構成をとって，Aを認めたうえでBを主張する形になっているから，力点のある主節(B)に注目すればよい。②，③の主節に書かれているのは，②［遊び誕生のきっかけ ── 生計を立てるためではない］，③［創造する目的 ── 金銭的利益のためではない］ということであり，文脈のつながりから，これらは，（　2　）activities と関連のあることであるはずである。

さらに④には，「遊びも芸術作品も，生活の通常の営みの多少とも外に位置し，欲望や食欲を直接満たすことと関連しているようには見えない」とある。

以上を踏まえて，「金銭的利益のためではない」，「日常生活の欲望の満足には無関係」ということに最も近いもの（同意表現）を選択肢の中から探せば，(a) disinterested「欲得なしの」ということになる。

選択肢の消去法を使ってもよい。(b) joyful「楽しい」では，次の文とのつながりがなくなる。(c) profitable「儲かる」では，次の2文と矛盾する。(d) voluntary では，¶1で議論済みの事柄を再び取り上げることになって奇妙である。

問3 （空所補充問題）

🎯 具体例による言い換えに注意しよう

解答プロセス

1　空所を含む文の意味をつかむ

空所を含む文の意味は「たとえば，小説家が腰をすえて，本心とは裏腹に通俗的な恋愛小説をお金のために書くなどという考えは，ほとんど確実に（　3　）といってよいものだ」である。

2　前後の文脈を考える

¶2④は，遊びと芸術が日常生活の営みの範囲外にあること，（生活上の）欲望を直接満たすこととは無関係であることを述べているから，「遊びと芸術は欲得抜きのもの」という¶2①の主旨を言い換えたものとみなせる。⑤は，for example とあることから明らかなように，④の例であるから，「小説家が通俗的な恋愛小説をお金（cash）のために書くなどという考え」は，「芸術は欲得抜き」という考えとは相容れないものであることがわかる。したがって，空所(3)は，否定的な意味の形容詞が入るはずで，(a)の false「まちがった」が答となる。

パラグラフメモ

¶1	遊びと芸術の類似 — 生物学的必要に結びついた強制の欠如 芸術は自発的活動；遊びも自発的活動
¶2	遊びと芸術は欲得抜きの活動 両者は欲望を直接満たすこととは無関係

全訳

¶1　①遊びと芸術は，いずれの活動も，生物学的必要性に結びついた強制を欠いているように，少なくとも外見上，見えるという点でしかよっている。②私たちは，生きのびるために遊ぶ必要はないように思えるし，言うまでもなく，絵を描いたり，音楽を作ったり，彫刻をするよう強いられているわけでもない。③ある人が何かを創るよう他者から強制されるということは想像できるにしても，芸術が自発的な活動であり，創造性が最もよく発揮されるのが強制のない場合であることは一般に真実である。④同じことは遊びについても言える。⑤というのも，子どもの意に反して子どもを遊ばせることはあるにしても，その場合，遊びは，それを遊びたらしめている特徴のうちのひとつをすぐに失うだろうからである。

¶2　①遊びも芸術も本質的に自発的なものだということが認められるなら，両者とも一般的に言って欲得なしの活動だということになる。②遊びは，とりわけ巧みな競技者によって，生計を立

る手段にされることもあるが，遊びはこのようにして発生するものではない。③創造的な生産は金銭的に儲かるものだと判明することもあるが，まず第一に金銭的利益のためにそれにとりかかるわけではない。④遊びも芸術作品も，生活の通常の営みの多少とも外に位置し，欲望や食欲を直接満たすことと関連しているようには見えない。⑤たとえば，小説家が腰をすえて，本心とは裏腹に通俗的な恋愛小説をお金のために書くなどという考えは，ほとんど確実に虚偽といってよいものである。

問題2　道具と機械の違い

問題 p.4
見取図 p.3

解答
問1　naked hands
問2　道具はまるで人間から独立した生き物であるかのように動くが，いぜんとして人間の一部であるということ。（49字）
問3　道具は人間の一部で，人間の力を補強するものだが，機械は人間とは異質なもので，加えられる力の方向や性質を変えるものである。（60字）

本文読解のポイント

［道具⇔機械］という対比を軸に綴られている文章である。道具と機械の特徴をチェックしながら読めたかどうか。

設問の解き方

問1　（同意表現の抜き出し問題）

着眼点　同意表現による言い換えに注意しよう

解法 INDEX ⑥

同意表現の抜き出し問題の解法
- 解答プロセス1：下線部を含む文の意味をつかむ
- 解答プロセス2：該当箇所を特定する
  前後の文脈に同意表現を探す。
- 解答プロセス3：答え方に注意する
  該当箇所の最初と最後の何語かを抜き出すのか，すべてを抜き出すのか，設問の要求を満たす答え方をする。「抜き出せ」と言われたら，もれなくすべてを抜き出すこと。途中を「〜」などと略してはならない。

解答プロセス
1　下線部を含む文の意味をつかむ

下線部を含む文の意味は「ハンマー，シャベル，ナイフは人間の腕の延長であり，人間が歯や爪だけでするよりいっそう効果的に仕事をするのを可能にしてくれる特殊な付属品だ」である。この場合は，「助けられていない歯や爪」という下線部の意味だけを押さえておけばよい。

2 該当箇所を特定する

unaided「助けられていない」とは，何に「助けられていない」のかと考えよう。すると，前文より，tool に「助けられていない」ということだとわかる。すぐ後ろの文の naked hands「素手」も tool に助けられていないものなので，unaided teeth and nail と naked hands が同趣旨の表現だとわかる。要するに，

tool の助けを受けない	体の部分
unaided	teeth and nails
naked	hands

という言い換え関係が読めているかどうかがカギ。

3 答え方に注意する

「英語のまま（2 words）抜き出せ」という要求を満たすように，naked hands と答える。

問2 （下線部内容説明問題 ➡ 解法 INDEX ③ p.21）

◎ 同意表現による言い換えに注意しよう

解答プロセス

1 下線部を含む文の意味をつかむ

下線部を含む文の意味は，「そして，職人の手の中では，道具はほとんどそれ自身の生命を得る」である。

2 該当箇所を特定する

「道具は人間の一部」（¶1 ②），「道具は人間の体の延長」（¶1 ③）からわかるように ¶1 の主題は「人間と道具との関係」であるから，この文脈におけば，「道具がそれ自身の生命を得る」とは，道具が人間から独立したものとして，まるでそれ自身が生き物であるかのように動くということであることがわかる。

問題は，「ほとんど」とはどういうことかである。これについては，¶2 ① に「この『ほとんど』というのはきわめて重大なことで，道具は人間の力を延長したものであり続けているのである」とあるのが手がかりとなる。「人間からほとんど（たとえば 90％ ぐらい）独立している」ということは，「完全には独立していない」，すなわち，「（たとえば 10％ ぐらいは）人間の一部であり続けている」ということである。

以上より，「道具はまるで人間から独立した生き物であるかのように動くが，あく

までも人間の一部であって、人間から完全に独立することはない」というのが下線部の意味であることがわかる。

3 答のまとめ方に注意する

「…の内容を説明せよ」という問いに対しては、「…ということ。」と答を締めくくる。

問3 （対比内容の説明問題）

着眼点　対比に注意しよう

解法 INDEX ⑦

対比的内容の説明問題の解法
- 解答プロセス1：対照表を作る
  対照表の左端に比較項目を立て、それに合わせて、各欄にそれぞれの特徴を書き入れていく。
- 解答プロセス2：答のまとめ方に注意する
  問いに対してふさわしい答になるよう、答のまとめ方に注意する。二項の違いをまとめる場合は、「前者は…であるが、後者は…である（という違い）」とまとめる。

解答プロセス
1 対照表を作る

本問のように、AとBの違いを述べる問題では対照表を作るのが鉄則。それも、手当たり次第に表に情報を書き込んでいくのではなく、表の左端に比較項目を立て、それに合わせて、各欄にそれぞれの特徴を書き入れていくのがコツである。そうすると、必要事項の「漏れ」がなくなり、「Aは1、2であるのに対して、Bは1′、2′である」というように対照表を文章化するだけで、整然とした答ができあがる。

ここでは、［道具は人間の「内部」（同質）⇔機械は人間にとって「外部」（異質）］、［道具は人力を延長するだけ⇔機械は力を変質させる］という2つの対照を発見できたかどうかがポイント。

比較項目	道具（△）	機械（▽）
人間との関係	人間の一部（¶1②、¶1③）	人間とは異質なもの（¶2⑦）
行う仕事	人間の力を補強する（¶1③④）	加えられる力の方向や性質を変える（¶2④）

2　答のまとめ方に注意する

「tool と machine はどのように違うのか」という問いに対しては，「道具（前者）は…であるが，機械（後者）は…である。」とまとめればよい。

パラグラフメモ

¶1　人間 ── 道具を使用する存在
　　道具 ── 人間の努力を補完
¶2　道具 ── 人間の力の延長
　　機械 ── 適用される力の方向と性格の変化；人間とは異質

全訳

¶1　①人間は，道具を用いる動物だと定義されてきた。②人類の先史時代の最古の証拠によれば，道具は人間生活の一部であり，ほとんど文字通り人間の一部であることがわかる。③ハンマー，シャベル，ナイフは人間の腕の延長であり，人間が歯や爪だけでするよりいっそう効果的に仕事をするのを可能にしてくれる特殊な付属品である。④道具のおかげで人間は実力以上のことをすることができ，素手でする努力を完成することができる。⑤そして道具は，職人の手に握られると，ほとんどそれ自身の生命を得ると言ってよいほどである。

¶2　①この「ほとんど」というのはきわめて重大なことである。道具は人間の力を延長したものであり続けているのである。②道具の原動力は，明らかに，道具を使う人間である。③動く部分からなる組織体に力を適用したものである機械は，道具とは異なるものである。④これはおそらく，機械は適用された力の方向だけでなく，しばしばその性質までも変えるからである。⑤道具はふつう，容易に理解される肉体的活動，すなわち，切る，穴を開ける，こじ開けてゆるめる，といったことをするために用いられる。⑥機械は不思議な化学的変化を起こしたり，人間の力をおびただしく増加させたりし，このおかげで人間は，手引きの石臼を巨大な製粉機の車輪に取り替えたり，そろばんを電子計算機に取り替えたりできるようになる。⑦原因は何であれ，機械は，その最も簡素な始まりの頃から，異質なもの，非人間的なものと感じられているのである。

問題3　遺伝子工学の警戒すべき可能性　　問題 p.6　見取図 p.4

解答

問1　「遺伝子工学」として知られている技術を用いて，一種の遺伝的に完璧な「超人」を作り出すことができるようになるという可能性。（60字）

問2　(e)

問3　positive

問4　遺伝学者が信頼できる人であることは認めるものの，ことが悪い方へ進んで，結果として，恐怖物語に出てくるような類の怪物が生まれる可能性があることも認めなければならない。

問5　人間の（とりわけ医学上の）進歩の多くは生命への干渉を必然的に伴うということ。（38字）

本文読解のポイント

「プラスの遺伝子工学」⇔「マイナスの遺伝子工学」という対比と，それぞれの「利点」⇔「欠点」との対比に注意して読めたかどうか。

設問の解き方

問1　（承前語句問題 ➡ **解法 INDEX** ① p.12）

　　承前語句に注意しよう

¶1　① The study of genetics is today so far advanced that we shall soon be able to produce a kind of genetically perfect 'superman,' using techniques known as 'genetic engineering.' ② At first this may seem an ***attractive***(△) possibility, ***but*** when we consider (1)it in detail, we find there are many ***problems***(▽) involved.

解答プロセス

1　下線部を含む文の意味をつかむ

¶1②は，「これは，最初は，魅力的な可能性と思えるかもしれないが，（それを）詳しく見てみると，厄介な問題（problems）が多々含まれている」という意味である。

2 該当箇所を特定する

¶1 ②の but という逆接の接続詞と,「最初は」⇔「詳しく見ると」,「魅力的」⇔「厄介」という語句の間の対比に注意しよう。ここから, it は, 前の this と同内容であることがわかる。

this「このこと」は, 前文の意味, あるいは, 前文の一部の意味を受けるのが通例である。また, ②より, this は (an ...) possibility であることがわかる。以上をふまえて, 前文に,「可能性」について述べたところを探そう。すると, ①の we shall soon be able to produce a kind of genetically perfect 'superman,' using techniques known as 'genetic engineering.' が見つかるので, ここを字数内でまとめればよい。

3 答のまとめ方に注意する

this は (an ...) possibility「可能性」を指すわけだから, 上記の部分を「…という可能性。」と締めくくる。制限字数から, それ以前の部分は入れなくてよいことがわかる。

問2 (空所補充問題 ➡ 解法 INDEX ⑤ p.32)

🎯 言い換えと対比に注意しよう

¶2 ④ Genes are not really either 'good' or 'bad.' ⑤ The gene which causes certain forms of anaemia (△マイナス効果), for example, can also protect against malaria (▽プラス効果). ⑥ If we eliminate this gene we may get rid of anaemia (▽プラス効果), but we (　2　) the risk of malaria (△マイナス効果).

解答プロセス

1 空所を含む文の意味をつかむ

空所を含む文の意味は,「この遺伝子を取り除けば, 貧血症はなくせるかもしれないが, マラリアの危険 (　2　) だろう」である。

2 前後の文脈を考える

遺伝子に絶対的な「よし」(＋),「あし」(－) はないと ¶2 ④で述べた後の具体例であることに注意しよう (for example という「つなぎ語」に注意)。

ある遺伝子は, 貧血症を引き起こすというマイナス点(△)をもっているが, マラ

リアを防ぐというプラス点(▽)をもっている。この遺伝子をなくすと，貧血症が起こらなくなるというプラス点(▽)はあるが，マラリアが起こるマイナス点(△)が出てくる，というのが文脈の流れであるから，空所（ 2 ）には，マラリアの危険を「増やす」というマイナスの意味になるように，(e) increase を入れるのが正解。(a) abolish「廃止する」，(c) decrease「減らす」，(d) ignore「無視する」では，マラリアの危険を否定することになるので，文脈上の矛盾が生じる。(b) appreciate「理解する」はピントはずれ。

問3　（空所補充問題 ➡ **解法 INDEX** ⑤ p.32）

◎ 対比に注意しよう

解答プロセス
1　空所を含む文の意味をつかむ
　　空所を含む文の意味は「（ 3 ）の遺伝子工学では，いわゆる『よい』遺伝子を発達させることによって，よりよい人間を作ろうとする」である。

2　前後の文脈を考える
　　¶2①で，「マイナス」の遺伝子工学と「プラス」の遺伝子工学という区別が紹介され，続く②で，前者の「マイナス」の遺伝子工学が定義され，¶3①で，後者の「プラス」の遺伝子工学が定義されるという流れをおさえよう。¶2②の「マイナスの（＝有害な）遺伝子を取り除く」と，¶3①の「プラスの（＝「よい」と言われている）遺伝子を発達させる」との対比より，空所には positive を入れる。

問4　（下線部和訳問題 ➡ **解法 INDEX** ④ p.24）

◎ 対比に注意しよう

◇ **While accepting that geneticists are responsible people**「遺伝学者が信頼できる人であることは認めるが」
　＊ accepting は分詞構文で，「対比」の意味を明示するために接続詞の while「…だが（一方）」が付されたもの。
　＊ responsible は「信頼できる；分別がある」の意。この意味は，「分別がある人」⇔「わざと怪物を作り出してやろうと思うような無分別な人」という**文脈上の対比関係から類推**してほしいところ。

> ### 未知の単語の類推法
>
> 　知らない単語が出てきたときに，その意味を類推する手がかりには次のようなものがあります。
> (1) 前後にある「言い換え」や「対比」の表現
> (2) 語源の知識，接頭辞・接尾辞の知識
> (3) 派生語の知識
> (4) 予備知識や常識

コラム②

◇ **we must also admit ...**「…も認めなければならない」
◇ **that things can go wrong, the result being the kind of monster we read about in horror stories**「ことが悪い方へ進んで，結果として，恐怖物語に出てくるような類の怪物が生まれる可能性があること」

* that 節の範囲に注意しよう。「物事が悪い方へ進展する」(things go wrong) というのを具体的に説明しているのが the result being ... という独立分詞構文である。ここは things can go wrong and the result can be the kind of ... というのと同意。「その結果が…である」という箇所は，「その結果として，…が生じる」と，わかりやすくしたいところ。

* the kind of monster we read about in horror stories の we read の前には関係代名詞の which が略されていると考えてよいが，その which の先行詞は monster ではなく，the kind ... である。a kind of monster「ある種の怪物」が，we read 以下によって「限定」されたために，a が the に変わって，the kind of monster となったものであることに注意しよう。訳出は，「私たちが恐怖物語で読む怪物の種類」ではなく，「私たちが恐怖物語で読む類の（または，読むような）怪物」としなければならない。

問5　（承前語句問題 ➡ **解法 INDEX** ① p.12）

> 着眼点 **承前語句に注意しよう**

¶ 4　② We can argue that much human progress (particularly in medicine) involves interference with life.　③ To some extent (4)this is true; but we should not forget the terrible consequences genetic engineering can have.

43

解答プロセス

1 下線部を含む文の意味をつかむ

下線部を含む文の意味は「ある程度まで，これは真実である。しかし，遺伝子工学がもたらしかねない恐ろしい結果を忘れてはならない」である。

2 該当箇所を特定する

この部分が，「生命への干渉：人間が生命に手を加えること」(interference with life) は，よくないことかもしれないが，人類の進歩（とりわけ医学上の進歩）の多くにはどうしても生命への干渉が伴うと，いったんは認めたうえで，遺伝子工学が生命に干渉することで招きかねない恐ろしい結果を忘れてはならない，と述べているくだりであることを押さえよう（... is true; but ～は「たしかに…ではあるが，～」の意の［譲歩−主張］の言い方）。こうした文脈を押さえた上で，前に（¶4②）this の指示内容を探すと，this = that much human progress (particularly in medicine) involves interference with life「人間の進歩の多く（とりわけ医学上の進歩の多く）は生命への干渉を必然的に伴うということ」であることがわかる。

3 答のまとめ方に注意する

上記の that 節内を訳して，「…ということ。」とまとめれば答となる。

パラグラフメモ

¶1	遺伝子工学による超人創造の可能性 —— 諸問題あり
¶2	有害な遺伝子を除去するマイナスの遺伝子工学 —— 弊害あり
¶3	有益な遺伝子を発達させるプラスの遺伝子工学 —— 注意点あり
¶4	根本的な問題 —— 生命に干渉すべきかどうかという問題
	忘れてはならないこと —— 遺伝子工学が引き起こしかねない恐ろしい結果

全訳

¶1 ①遺伝学の研究は今日，たいへん進歩しているので，私たちはまもなく，「遺伝子工学」として知られている技術を用いて，一種の遺伝的に完璧な「超人」を作り出すことができるようになるだろう。②最初は，これは魅力的な可能性だと思えるかもしれないが，詳しく検討してみると，多くの問題が含まれていることがわかる。

¶2 ①ふつう，「マイナス」の遺伝子工学と「プラス」の遺伝子工学という区別がある。②マイナスの遺伝子工学では，遺伝的に正常な人間を作り出すために有害な遺伝子を取り除こうとする。③目的は，もちろん，望ましいものではある。しかしながら，ここに，有害な遺伝子とは何かという問題が生じる。④遺伝子には，実際のところ，「よい」も「悪い」もないのだ。⑤たとえば，ある一定の形態の貧血症を引き起こす遺伝子は，マラリアから守ってくれる。⑥この遺伝子を取

り除けば，貧血症はなくせるかもしれないが，マラリアの危険は増すだろう。

¶3　①プラスの遺伝子工学では，いわゆる「よい」遺伝子を発達させることによって，よりよい人間を作ろうとする。②しかし，この形態の遺伝子工学のおかげで私たちは，人類の未来をいっそう支配することができるようにはなるだろうが，注意すべき理由がいくつかある。③第一に，間違いの可能性があることである。④遺伝学者が信頼できる人であることは認めるものの，ことが悪い方へ進んで，結果として，恐怖物語に出てくるような類の怪物が生まれる可能性があることも認めなければならない。⑤第二に，人間を「よりよい」ものにするのは何なのかを決めるという問題がある。⑥たとえば，私たちは，遺伝子工学によっていっそう知力の高い人間を作ることができるとすれば，結構なことだと思うかもしれない。⑦ところが一方，知力が高いからといって幸せになれるとは限らないのである。⑧知力は高いが，ひょっとすると幸せではないかもしれない人間を作ることを私たちは本当に望んでいるのだろうか。

¶4　①根本的な問題は，人間の生命に干渉してよいのかどうかということである。②人間の進歩の多く（とりわけ医学上の進歩の多く）は生命への干渉を必然的に伴うとは言える。③ある程度まで，これは真実である。しかし，遺伝子工学がもたらしかねない恐ろしい結果を忘れてはならない。④たとえば，遺伝子戦争の可能性を考えてみてほしい。そこでは，敵は遺伝子工学の技術を用いて，私たちに危害を加えようとする。⑤私たちは人類の破滅に直面する運命にあるのである。

問題4　左脳と右脳の関係

問題 p.8
見取図 p.6

解答

問1 ㈠ a　㈡ b　㈢ b　㈣ a　㈤ a　㈥ b

問2 (1) しばらくして，多くの場合，きわめて唐突にまったく思いがけなく，問題の解決がほぼ完璧な形で彼らに告げられる。

(2) 右脳はこのようにして，解決を思いつくことができるのだが，言うまでもなくその解決はその後，左脳によって厳密に論理的な言葉へと書きなおされうるものである。

問3 脳の2つの半球の間の連絡通路（14字）

本文読解のポイント

左脳と右脳の対照的な特徴と，両者の関係が読みとれたかどうか。

設問の解き方

問1　（空所補充選択問題）

> 着眼点
> 言い換えと対比に注意しよう

解法 INDEX ⑧

空所補充選択問題の解法
- 解答プロセス1～2

　空所を含む文の意味をつかんで，前後の文脈を考える。

㈠，㈡：LH（左脳）とRH（右脳）のそれぞれの特徴を対比的に述べた ¶1 ⑤，⑥（「左脳は，言わば，整然と順を追って，論理的とでも言えるやり方で思考する。一方，右脳は，完全な映像の形で考えるように見える。」）が解答の手がかり。「言語処理（language processing）」は，「整然と順を追って論理的に思考する」左脳でなされるのか，「映像（イメージ）の形で考える」右脳でなされるのかと考えれば，㈠の正解はLH（左脳）だとわかる。次に，㈡の直前には対比を表す接続詞であるwhereasが使われていることより，㈡には㈠と対比されるものが入ることがわかるので，㈠のLHと対照的なRHを入れればよい。

(ウ), (エ)：¶2 ①, ②で，RH（右脳）による問題解決を話題にしていることが読みとれていれば，「最も難しい論理的・体系的問題さえも克服することができたように見える」のは(ウ) RH（右脳）だとわかるが，空所(ウ), (エ)を含む文の直後の文を手掛かりにするといっそう楽に正解に至ることができる。その直後の文に，「右脳が用いる比較的ゆるやかな基準（the looser standards the RH employs）」とあり，「左脳がその厳格さゆえに（because of its rigidity）どうしても思いつくことのできなかった…」とあることより，「比較的ゆるやかな（思考）基準」をもっているのが RH で，「厳格な思考基準（rigid standards of thought）」をもっているのが LH であることがわかる。したがってまず, (エ)には LH が入ると確定できる。ここからさかのぼって，「LH（左脳）の厳格な思考基準をゆるめることによって，最も難しい論理的・体系的問題さえも克服することができたように見える」のは LH か，RH かと考えれば，(ウ)には，「比較的ゆるやかな（思考）基準」をもっている RH が入ることがわかるだろう。

(オ)：まず基本事項として，A. This is why B. は「A である。だから B である」という意味であり（A：原因⇒B：結果），A. This is because B. は「A である。これは，B だからである」の意である（B：原因⇒A：結果）ことを知っていなければならない。本文の空所(オ)の前の That「そのこと」が指している内容は，直前の文意，すなわち，「子どもにあっては，この脳の2つの半球の間の連絡通路は広く開けている，言い換えると，メッセージは2つの半球の間をまったく自由に行き来する」ということであり，空所(オ)の後ろの文意は「子どもは信じられないぐらい想像力に富んでいる」であるから，「両半球間の行き来の自由さ」（＝A）と，「子どもの想像力の豊かさ」（＝B）との関係を考えればよい。「A だから B」なのか，「A である。なぜなら B だから」なのか。「両半球の行き来が自由である」とは，文脈からすると，左脳の厳格さを右脳が臨機応変に柔軟にするということだから，その結果として，想像力が豊かになると考えるのが妥当である。よって，「両半球の行き来が自由だから想像力が豊かなのだ（A：原因⇒B：結果）」となるように why を入れるのが正解である。

(カ)：2つ前の文に「子どもにあっては，この脳の2つの半球の間の連絡通路は広く開けている」とあることより，対比的に考えて，「その通路が厳しく狭められている」のは「大人」の場合だとわかる。

問2 （下線部和訳問題 ➡ 解法 INDEX ④ p.24）

(1) ◇ **After some time**「しばらくして」 the solution ... announces ... を修飾する副詞句。some time は「しばらくの間」の意。

◇ **often with great suddenness and totally unexpectedly**「多くの場合，

きわめて唐突にまったく思いがけなく」 often「しばしば；多くの場合」は，以下の with great suddenness and totally unexpectedly という副詞句を修飾していることに注意。with suddenness は suddenly「突如として」の意。totally は「まったく」，unexpectedly「思いがけなく；不意に」の意。

◇ **the solution to their problem announces itself to them**「問題の解決が彼らに告げられる」 solution to ... で「…の解決」の意。S announce itself to ... は，逐語的には「Sは…に対して自らを告げる（知らせる）」という意味だが，訳出の際は，「Sが…に告げられる（知らされる）」と受身形にするのがコツ。

◇ **in almost complete form**「ほぼ完璧な形で」 announces にかかる副詞句。

(2) ◇ **The RH is thus able to hit upon solutions**「右脳はこのようにして解決を思いつくことができる」 thus は「このようにして；かくして」の意の副詞。hit upon ...；hit on ... は「…を思いつく」の意の熟語。

◇ **which could then, of course, ...**「言うまでもなくその後…することがあるだろう」 solutions を先行詞とする関係代名詞節。then「その後」とは，「解決を思いついた後に」ということ。この関係詞節を左の先行詞にかけて訳すと，「その後…することがある解決」となって，「その後」が指す内容がわかりにくくなるので，解答例のように関係詞節を訳し下ろす，すなわち，事柄の起こる順に訳していく方がよい。仮定法過去形の could は筆者の推量を述べるために使われたもので，「…することがあるだろう；…しうるだろう」の意。

◇ **be recast into strictly logical terms by the LH**「左脳によって厳密に論理的な言葉へと書きなおされる」 recast ... into ～で「…を～へ書きなおす；作りなおす」の意であり，これを受動態にしたのが本文の形。by the LH は直前の trems ではなく，be recast にかかっている。strictly「厳密に」は logical「論理的な」にかかる副詞。term は「言葉；術語；専門用語」の意。

問3 （承前語句問題 ➡ **解法 INDEX** ① p.12）

承前語句に注意しよう

解答プロセス
1 **下線部を含む文の意味をつかむ**

下線部を含む文の意味は，「しかしそれは明らかに，夢を見ている状態にある間はいっそう広く開かれている」である。

2 該当箇所を特定する

直前の文（¶2⑧）に，「その通路（the channel）は厳しく狭められている」とあり，下線部(3)を含む文で，「それは…いっそう広く開かれている」と言われているのだから（「広さ」の対比に注意），「それ」とは，直前の文の「その通路（the channel）」を受けていることがわかる。ところで，「その通路」だけでは答として不十分なので，「その」通路とは「どんな」通路かと考えて，2つ前の文（¶2⑥）へとさかのぼり，the communication channel between the two brain halves が the channel の指示内容だと突き止めること。

3 答のまとめ方に注意する

上記の部分を字数内にまとめれば答となる。

パラグラフメモ

¶1　人間の脳 —— 左脳と右脳
　　左脳 —— 理路整然とした思考
　　右脳 —— イメージ思考

¶2　創造性の歴史 —— 左脳による取り組みの後の右脳による解決
　　左脳と右脳の連絡通路が広い子どもと狭い大人
　　夢を見ているときは広がっているその通路

全訳

¶1　①長らく前から知られていることであるが，人間の脳は，少なくとも外見上は同じに見える2つのいわゆる脳半球からなっている。②しかし，この2つの半球 —— 以下，左脳（左半球）と右脳（右半球）と呼ぶことにする —— は，まったく異なる機能をもっている。③右利きの人々の場合 —— 話を単純化するために以下の議論を右利きの人に限定してよかろう —— 少なくとも大ざっぱに言えば，左脳は身体の右半分を，右脳は身体の左半分支配していると言えるだろう。④最も重要なことは，脳を構成するこの2つの部分は2つのまったく異なる思考様式をもっているように見えるということである。⑤左脳は，言わば，整然と順を追って，論理的とでも言えるやり方で思考する。⑥一方，右脳は，完全な映像の形で考えるように見える。⑦たとえば，言語処理はすべてといってよいぐらい左脳中心に行なわれるのに対して，右脳は，空間的方向づけや，音楽の創作および鑑賞といった作業に深くかかわっている。

¶2　①人間の創造性の歴史は，何か難しい問題に懸命に長らく取り組んだ後で，それを事実上「忘れ」て，右脳にゆだねようと意識的に決める芸術家や科学者にまつわる物語に満ちている。②しばらくして，多くの場合，きわめて唐突にまったく思いがけなく，問題の解決がほぼ完璧な形で彼らに告げられる。③右脳は，私の憶測だが左脳の厳格な思考基準をゆるめることによって，最も難しい論理的・体系的問題さえも克服することができたように見える。④右脳が用いる比較的ゆるや

かな基準のことを考えあわせると、右脳はことによると、左脳がその厳格さゆえにどうしても思いつくことのできなかった思考実験をもくろむことができたのだろう。⑤右脳はこのようにして、解決を思いつくことができるのだが、言うまでもなくその解決はその後、左脳によって厳密に論理的な言葉へと書きなおされうるものである。⑥子どもにあっては、この脳の2つの半球の間の連絡通路は広く開けていると、つまり、メッセージは2つの半球の間をまったく自由に行き来すると推測できるだろう。⑦だから子どもは信じられないぐらい想像力に富んでいるのだろう。たとえば子どもにとって、葉巻きの入っている箱は、あるときには自動車であり、あるときには家である。⑧大人の場合、その通路は厳しく狭められている —— それが教育によってなのか、生理的な成熟過程によってなのか、あるいはその両方によってなのかは推測できない。⑨しかしその通路は明らかに、夢を見ている状態にある間はいっそう広く開かれている。⑩また精神分析は、その通路を使うことを教えていると憶測できる。⑪精神分析において人が学ぶのは、第3の耳をもって聴くこと、つまり、無意識が「言っている」ことを注意して聴くことである。⑫ことによると、瞑想的な修業も同じ目的にかなうのかもしれない。

50

| 問題 5 | 詩人の言葉と子どもの言葉の類似点 | 問題 p.10
見取り図 p.8 |

解答

問1　ふだんとはちがうやり方で，音声という言葉の物理的特性が考慮されるということ。

問2　しかし，幼い子どもが言葉に対して抱く関心は詩人の関心にいっそう近いものである。というのは，子どももまた，言葉の物理的性質をほとんど常に意識しており，韻を踏んだり，しゃれを言ったり，言葉に無意味な音を混ぜ合わせたりして，言葉の音で遊ぶ様子によってこのことを示しているからである。

問3　(イ)

問4　抽象的概念を扱うすべを身につけていないために具体的な表現形式をとらざるをえないから。

問5　(E) (ロ)　(F) (ニ)

本文読解のポイント

詩人の言葉と子どもの言葉の3つの類似点を拾いあげることができたかどうか。

設問の解き方

問1　(承前語句問題 ➡ **解法 INDEX** ① p.12)

🎯 **対比に注意しよう**

解答プロセス

1　下線部を含む文の意味をつかむ

下線部を含む文の意味は，「このことはとりわけ詩に当てはまる」である。

2　該当箇所を特定する

this は，前文，あるいはその一部の意味を指すのが通例だから，前の the physical properties of words as sounds are taken into account in a way in which they are not in everyday uses of language 「音声という言葉の物理的特性に，日常的な言語使用においてはなされないようなやり方で，考慮が払われる」を受けているのではないかという予想を立ててよいが，これが正しいことを後ろの文脈によって確かめておこう。

thisを含む文の直後には，日常の言語使用では，言葉の実体を素通りして（through the substance），意味（だけ）に注目することに慣れてしまうとある。このthe substance「（言葉の）実質」とは，the meaning「（言葉の）意味」と対比的に用いられていることからわかるように，この文脈では，¶1②the physical properties, ¶1④the physical qualities「（言葉の）物理的特性」の言い換え，具体的には，sound「音声（言葉の音声面）」のことである。ここで，

文学作品（とりわけ詩）	日常の言語使用
音声という言葉の物理的特性に配慮（言語の音声面に配慮）	言葉の実体は素通りして意味だけに注目（言語の意味の面に配慮）

という対比に気づけるかどうかがポイントとなる。言い換えると，意味さえ通じればどんな表現を使おうがかまわないとする（日常の言語使用の）態度と，耳に心地よく響く表現を選ぼうとする（詩における言語使用の）態度との対比である。

　今議論の中心になっているのは，言語の音声面に配慮するか，音声面に配慮しないか（＝言語の意味の面に配慮するか）であるから，下線部(A)のthisは，「言語の音声面にふだんにはみられないような配慮がなされるということ」という直前の文意を受けていることが確認できる。

3　答のまとめ方に注意する

　this「このこと」の内容を尋ねられているのだから，「…ということ。」と締めくくる。

問2　（下線部和訳問題 ⇒ **解法INDEX** ④ p.24）

◇ **But young children's concern with words is more like that of the poet**
「しかし，幼い子どもが言葉に対して抱く関心は詩人の関心にいっそう近いものである」
　* A is more like B は「A は B にいっそう似ている」の意。that は the concern with words の代用。なお，比較の対象は「言葉に対して大人が抱く関心」である。

◇ **since they too are more than usually aware of the physical qualities and show this ...**「というのは，子どももまた，言葉の物理的性質をほとんど常に意識しており，このことを…示すからである」
　* more than usually は almost always とほぼ同意。
　* the physical qualities「言葉の物理的性質」とは，「言葉の音声面」のこと。
　* this「このこと」とは，前の they too are more than usually aware of the physical qualities ということを指している。訳出では，問題に要求がない限り，

指示内容を明示する必要はない。
* they ... show this by ...「子どもは…によってこのこと示している」については，観察者の視点から捉えなおして，「子どもの…からこのことがわかる」としてもよい（全訳参照）。
* 前の主張に対する理由を述べる接続詞の since は文末までを副詞節にまとめていることに注意。言葉に対する子どもの関心が詩人の関心に似ていると言える理由として，子どもが言葉の物理的性質を（内面で）意識しており，そのことをある行いによって外に示している（外面化している）という事実を指摘していると読むのが正解である。

◇ **by the way they play with sounds, making rhymes and word-play and mixing in nonsense sounds**「子どもが，韻を踏んだり，しゃれを言ったり，言葉に無意味な音を混ぜ合わせたりして，音声で遊ぶ様子によって」
* 前の show this を修飾する副詞句。
* the way they play with ... は「…で遊ぶ様子」の意。
* making ... and mixing ... は分詞構文で，they play with sounds の内容を具体的に説明しているもの。SV ..., V-ing ... という分詞構文では，[一般論（包括的表現）⇒ 具体化] という流れになっていることが多いことに注意。

問3 （空所補充問題 ➡ **解法 INDEX** ⑤ p.32）

言い換えと対比に注意しよう

解答プロセス

1 空所を含む文の意味をつかむ

空所を含む文の意味は「詩と子どもの言葉との間には他の（ C ）がある」である。

2 前後の文脈を考える

other「他の」とは，「すでに述べたもの以外の」ということであるから，前の文脈に，「詩と子どもの言葉とのどのような関係」が書かれていたかを探してみよう（p.31 コラム ① 参照）。すると，下線部(B)の冒頭（young children's concern with words is more like that of the poet）で，両者の類似関係が指摘されていたことに気づく。よって，選択肢中では(イ)の similarities「様々な類似点」を選ぶのが最も適当である。

問4 （理由説明問題 ➡ **解法 INDEX** ② p.18）

◎ 着眼点 対比に注意しよう

解答プロセス

1 下線部を含む文の意味をつかむ

下線部の意味は「ぼく，地理さんを知ってるよ。上がホッキョクグマで，下がペンギンなんだ」である。

2 該当箇所を特定する

この問題を解くには，言葉づかいに関する詩人と子どもの類似性を述べた¶2の構成をつかんでおくことが必要である。詩人と子どもが行うことと，行わないこと（＝避けること）の対比を拾っていこう。

	行うこと（△）	行わないこと（▽）
詩人	・（具体的な）細部（detail）の追求② ・具体的なもの（a physical thing）の提示③	・一般的・抽象的用語（general or abstract terms）の使用② ・抽象的な過程（an abstract process）に陥らせること③
子ども	・具体的な表現（a concrete form of expression）④ ・「ぼくは地理さん（Geography）を知っている」（実例）⑥	・抽象的表現・抽象概念（abstractions）④

ここから，下線部(D)は，直前の文で述べられた「子どもは，抽象作用を行い，抽象的なことを扱う技術をまだ身につけていないので，その考えは，比較的具体的な形態をとらざるをえない」ということの具体的な表れであることがわかる。Geography が大文字で始まっているのは，子どもにはそれが，「地理（学）」の意の抽象名詞ではなく，「地理さん」といった人名のような固有名詞と感じられている証拠であり，polar bears や penguins は言うまでもなく具体的表現である。よって，この直前部分をまとめれば答となる。

3 答のまとめ方に注意する

「なぜこのような言い方をするのか」と問われているのだから，「抽象的概念を扱うすべを身につけていないために具体的な表現形式をとらざるをえないから。」と答を締めくくる。

問5 （空所補充問題 ➡ 解法 INDEX ⑤ p.32）

🎯 対比に注意しよう

解答プロセス

1　空所を含む文の意味をつかむ

空所を含む文の意味は，「詩が目指しているのは，おおまかに言えば，教えたり，（ F ）したり，説得したりすることよりも，賛美したり，（ E ）したり，敬意を表したりすることだ」である。

2　前後の文脈を考える

¶3でもまた，子どもの言葉と詩の言葉との類似が指摘されており（② it resembles poetry），詩人と子どもが目指していることと目指していないこととが対比的に書かれていることに注意しよう。

	目指していること（△）	目指していないこと（▽）
子ども	・話す楽しみのための発話①	・伝達の目的のための発話①
詩	・賛美し，（ E ）し，敬意を表すること②	・教え，（ F ）し，説得すること（散文的な情報伝達）②

上記の対照より，「賛美し，（ E ）し，敬意を表すること」は「詩的な感情表現」であり，「教え，（ F ）し，説得すること」は「散文的な情報伝達」であると言える。選択肢の中で，「賛美したり，敬意を表したりすること」に類する感情表現は(ロ) mourn「嘆き悲しむ」しかないし，「教えたり，説得したりすること」に類する散文的な情報発信行為は(ニ) inform「情報を与える」しかない。

パラグラフメモ

¶1	芸術作品における言語使用 ── 言葉の物理的特性を考慮
	子どもの言葉への関心 ── 詩人のそれに類似
¶2	詩と子どもの言葉の他の類似性 ── 具体的なものの追求と抽象表現の回避
¶3	その他の類似点 ── 情報伝達よりも表現の楽しさに関心

全訳

¶1 ①言葉が ── 物語であれ，詩であれ，演劇であれ ── 芸術作品を生み出すのに使われるときには，言葉の形式上の配置，つまり「芸術的配置」が，創造行為の意図的な部分となっている。

②それゆえ，音声という言葉の物理的特性に，日常的な言語使用においてはなされないようなやり方で，考慮が払われるのである。そしてこれは，とりわけ詩に当てはまる。③私たちは，日常的な目的のためには，言葉という実体は通過して，意味に注目することに慣れている。④しかし，幼い子どもが言葉に対して抱く関心は詩人の関心にいっそう近いものである。というのは，子どももまた，言葉の物理的性質をほとんど常に意識しており，このことは，子どもが，韻を踏んだり，しゃれを言ったり，言葉に無意味な音を混ぜ合わせたりして，言葉の音で遊ぶのを見てもわかるからである。

¶2 ①詩と幼い子どもの話し言葉には他にも類似点がある。②詩人には，言いたいことを伝えてくれる，意味のある含蓄に富む細部 —— 生活の中からそのまま出てくるもの —— を探し求め，曖昧なほど一般的であったり抽象的であったりする語句を避けようとする傾向がある。(③ T．E．ヒュームの意見によれば，「詩が常に努めていることは，人を喜ばせ，現実の物事を見させ，抽象の過程を突き進まないようにすることである」。)④そうしたことは，幼い子どもには選択の余地のあることではない。子どもは，抽象を行い，抽象的なことを扱う技術をまだ身につけていないので，その考えは，比較的具体的な形態をとらざるをえないのである。⑤ある幼児クラスの5歳児は，かつて私の同僚に，「そう，ぼく，地理さんを知ってるよ。上がホッキョクグマで，下がペンギンなんだ」と言った。

¶3 ①もっと一般的に言えば，子どもの話し言葉の多くは，何かを誰かに伝達するためというよりはむしろ，話す喜びのために発せられているように思われる。②そして，この点において，子どもの話し言葉は詩に似ているのである。というのも，詩が目指しているのは，おおまかに言えば，教えたり，情報を伝達したり，説得したりすることよりも，賛美したり，悲しんだり，敬意を表したりすることだからである。

問題6　科学という言葉の意味の混同

問題 p.12
見取図 p.10

解答

問1　観察された事実から論理的に推論することによって検証可能な結果を得る思考方法。（38字）

問2　科学とは，論理実証的な思考方法ではなく個々の精密科学のことだと誤解していること。（40字）

問3　いっそう多くの科学的教育を望む要求の中に含まれているのは，人が科学的な訓練を受けていれば，あらゆる課題に対する取り組み方が，そうした訓練を受けていない場合よりもずっと気の利いたものになるだろうという主張である。

問4　精密科学の1つの専門家は，他の人々よりも，客観的な方法で科学以外の問題に取り組む可能性が大きいと考えること。（54字）

本文読解のポイント

科学という言葉の2つの意味を対比的に押さえられたかどうか。

設問の解き方

問1　（承前語句問題 ➡ **解法 INDEX** ① p.12）

承前語句に注意しよう

解答プロセス

1　下線部を含む文の意味をつかむ

　下線部を含む文の意味は，「『科学とは何か』と，どんな科学者に，いや実際，教養のあるほとんどどんな人に尋ねても，たぶん後者に近い答が返ってくるだろう」である。

2　該当箇所を特定する

　2つのものが列挙されている場合，最初の方を the former「前者」といい，2つ目を the latter「後者」ということは基本事項。下線部(1)は the latter であるから，先立つ文脈に，列挙された2つのものを探せばよい。

　¶1①の either A or B「AかBか（どちらか）」に注目しよう。そこには，科学という言葉が意味するものが2つ挙げられている。すなわち，(1) the exact sciences, such as chemistry, physics, etc.「化学，物理学などの精密科学」と，

(2) a method of thought which obtains verifiable results by reasoning logically from observed fact「観察された事実から論理的に推論することによって検証可能な結果を得る思考方法」である。後者とは(2)の方だから，ここをまとめれば答となる。

3 答のまとめ方に注意する

the latter は，「科学とは何か」という問いに対する答に当たる部分であるから，「観察された事実から論理的に推論することによって検証可能な結果を得る思考方法。」（38字）と答えればよい。

問2 （承前語句問題 ➡ 解法 INDEX ① p.12）

◎ 言い換えと対比に注意しよう

解答プロセス

1 下線部を含む文の意味をつかむ

下線部を含む文の意味は「故意にそうしている部分もあるが，こうした意味の混同（こうした意味の取り違え）には大きな危険がある」である。

2 該当箇所を特定する

confusion とは「何かと何かの混同」のことだから，意味に関して「何(A)を何(B)と混同するのか」という問題意識をもって，前の文脈に目を向けてみよう。

¶1で，mean「意味する」という動詞が使われていて，対比の論法が用いられているところは①と⑥である。そこから，次のような整理ができる。

	科学者の解釈(A)	一般人の解釈(B)
科学とはどういう意味か？	論理実証的な思考方法①	化学，物理学などの個々の精密科学①
科学教育をすべしとはどういう意味か？	厳密に考えるよう教える⑥	放射能，星，人体生理について教える⑥

この対照表から，this confusion of meaning の内容は，「科学とは，論理実証的な思考方法(A)ではなく個々の精密科学(B)のことだと考え，科学教育とは厳密な思考を教えること(A)ではなく個別科学について教えること(B)だと誤解していること」であることがわかるが，混同の根本は，「科学」という語義の混同にあるのだから，答は「科学とは，論理実証的な思考方法ではなく，個々の精密科学のことだと誤解していること」とすれば足りる。

3　答のまとめ方に注意する

「…とはどういうことか」という問いの形に呼応させて，「…ということ。」と締めくくる。

問3　(下線部和訳問題 ➡ **解法 INDEX** ④ p.24)

◇ **Implied in ... is the claim ~**「…の中に含まれているのは(~という)主張である」
　* The claim ~ is implied in ...「(~という)主張が…の中に含まれている」が通常の語順。一般に，S is P (Pは述部の略記で，具体的には，形容詞，現在分詞，過去分詞)の倒置形は，P is S となる。この語順にするのは，「PなのはSである」というように，Pを主題化し(=「…について言うと」というように話題として取り上げ)，Sを焦点化する(=文中で一番伝えたい情報として際立たせる)ためである。

◇ **the demand for more scientific education**「いっそう多くの科学的教育をほどこすべしという要求」
　* more「いっそう多くの」は education を修飾する形容詞。「いっそう科学的な教育」は不可。「科学教育の量をもっと増やせ(more ... education)」という要求であって，「教育の科学的性質を高めろ(more scientific)」という要求ではないことに注意しよう。

◇ **the claim that ...**「…という主張」
　* that 以下の名詞節は the claim と同格関係にある。

◇ **if one has been scientifically trained**「人が科学的な訓練を受けていれば」
　*現在完了形は動作がすでになされていることを示している。

◇ **one's approach to all subjects will be more intelligent**「あらゆる課題に対する取り組み方がいっそう気の利いたものになるだろう」
　* approach to ... は「…への取り組み」，intelligent は，「気の利いた；聡明な」の意。

◇ **than if one had had no such training**「そうした訓練を受けていない場合よりも」
　* than の次に if 節が来たときには「…の場合に比べて」とするのがコツ。

問4　(承前語句問題 ➡ **解法 INDEX** ① p.12)

◎　**承前語句に注意しよう**

解答プロセス
1　下線部を含む文の意味をつかむ

下線部を含む文の意味は「そんなふうに考える十分な理由はない」である。

2　該当箇所を特定する

　下線部(4)を含む文の前文（is it really true that ...?「…ということは実際，本当のことだろうか」）は，can we think that ...?「…と考えることができるだろうか」とほぼ同意である。この that 節を so で受けて，think so と言っていると考えるとわかりやすい。say, think, suppose, believe, guess, expect, imagine, hope などに続く so は，先行する that 節の代用となることを覚えておこう。
　that 節の内部のポイントは以下の通り。

◇ **a "scientist," in this narrower sense, ...**「こうした比較的狭い意味での『科学者』」

- * this narrower sense とは，¶ 2 ⑤（a "scientist" ... means in practice a specialist in one of the exact sciences）で説明された狭義の「科学者」のことであるから，この部分は「精密科学の１つの専門家」と説明しておくのが望ましい。

◇ **is any likelier than other people to ...**「…する確率が，他の人々より，いかなる程度にせよ高い」

- * be likely to ...「…しそうだ」という構文の発見がポイント。「…する確率」の高さの点で，狭義の科学者とそれ以外の人々とを比べているのである。any は「いかなる程度にせよ」の意の副詞で，形容詞 likely の比較級である likelier を修飾している。

◇ **approach non-scientific problems in an objective way**「客観的な方法で科学以外の問題に取り組む」

3　答のまとめ方に注意する

　以上をふまえて，「…と考えること。」と，体言止で締めくくると答が得られる。

パラグラフメモ

¶1	科学という言葉の意味 ── 個々の精密科学か，論理的思考方法か 科学者の理解 ── 後者 一般人の理解 ── 前者
¶2	こうした意味の混同 ── 危険 科学的訓練をふやせば，あらゆる課題に対する取り組みが気の利いたものになるとの考え ── 疑わしい

全訳

¶1 ①科学は一般に，化学，物理学などの精密科学を意味するか，観察された事実から論理的に推論することによって検証可能な結果を得る思考方法を意味するかのどちらかであるとみなされている。②「科学とは何か」と，どんな科学者に，いや実際，教養のあるほとんどどんな人に尋ねても，たぶん後者に近い答が返ってくるだろう。③しかしながら，日常生活では，話す場合でも書く場合でも，「科学」と言われるときには前者の意味である。④科学は，実験室で起こる何かを意味している。まさにこの言葉が呼び起こすのは，図表，試験管，天秤，ブンゼンバーナー，顕微鏡などである。⑤生物学者，天文学者のみならず，おそらく心理学者や数学者も「科学者」と呼ばれる。誰もこの言葉を，政治家，詩人，新聞記者や哲学者にさえ，当てはめようとはしないだろう。⑥そして，若者は科学的に教育しなければならないと私たちに言う人々は，必ずといってよいほど，若者にもっと厳密に考えるよう教えるべきだということよりもむしろ，若者に放射能や星や人間の体の生理についてもっと教えるべきだということを言おうとしているのである。

¶2 ①故意にそうしている部分もあるが，このように意味を混同してしまうことには大きな危険がある。②いっそう多くの科学的教育を望む要求の中に含まれているのは，人が科学的な訓練を受けていれば，あらゆる課題に対する取り組み方が，そうした訓練を受けていない場合よりもずっと気の利いたものになるだろうという主張である。③科学者の政治的意見，社会学上の問題や道徳，哲学，あるいはおそらく芸術に関する意見でさえ，しろうとの意見よりは価値あるものだと思われている。④言い換えれば，もし科学者たちが世界を支配すれば世界はもっとよい場所になるだろうというわけである。⑤しかし，「科学者」という言葉が実際に意味するのは，すでに述べたように，精密科学のうちのどれか１つに関する専門家である。⑥とすれば，化学者や物理学者であるというだけで，ただ詩人や弁護士であるだけの人より政治的にいっそう賢明であるということになる。⑦そして事実，こうしたことを信じている人がすでに非常に多くいるのである。⑧しかし，こうした比較的狭い意味での「科学者」が，他の人々よりも，客観的な方法で科学以外の問題に取り組む可能性が大きいというのは果たして本当だろうか。⑨そんなふうに考える十分な理由はないのである。

61

問題7　新たな発明の時代の芸術

問題 p.14
見取図 p.12

解答

問1　発明の結果新たな概念や文化が生まれる時代（20字）

問2　不幸なことに，この100年間，人文学者の中には，科学技術者と対立し，科学技術を，自分に制御できない有害な力 ── もともと人間の作り出したものであるだけにいっそう耐えがたいものとみなす者もいた。

問3　(イ) after　　(ロ) such

問4　(i) virus　　(ii) 現在創造されている芸術

本文読解のポイント

現在の芸術・技術に対する肯定的態度と否定的態度という二項対立を感じとりながら読めたかどうか。

設問の解き方

問1　（承前語句問題　➡ **解法 INDEX** ① p.12）

🎯　**言い換えに注意しよう**

解答プロセス

1　下線部を含む文の意味をつかむ

下線部を含む文の意味は，「今，この未来を垣間見て，それがいかに豊かで思いもよらないものになるかを感じとることは可能である」である。

2　該当箇所を特定する

「この未来」というのだから，前の箇所に，未来についての記述がないかと探す。be about to ... や will が使われていることより，直前の3文がいずれも未来のことを述べていることがわかる。その要点を拾い上げていくと，①未来＝「新たな発明の時代」，②未来＝「あらゆる方面に新たな地平が現われる時代」，③未来＝「新しい製品や活動だけでなく，新しい概念や文化までもが結果として生じる時代」となる。

ここで，「具体的にはどのような時代のことを指しているのか。20字以内の日本語で説明せよ」という問題の要求を考えに入れると，解答は極力絞り込まなければならない。

「具体性」ということで言えば，③未来＝「新しい製品や活動だけでなく，新しい概念や文化までもが結果として生じる時代」をとることになる。しかしこれでははるかに字数をオーバーするので，not only ... but also ～という表現において力点がある方の but 以下に絞り込む。

3　答のまとめ方に注意する

上記の絞り込みをした結果，答は，「その結果（the result）として，新たな概念や芸術が生まれる時代」となるが，「その結果」の部分が「具体的」ではないので，ここを①より具体的に説明して，「発明の結果新たな概念や文化が生まれる時代」とする。

問2　（下線部和訳問題　➡ 解法 INDEX ④ p.24）

対比に注意しよう

◇ **Unfortunately S V ...**「不幸なことに…」
　＊命題全体に対する筆者の判断を示す，いわゆる文修飾の副詞。It is unfortunate that S′ V′ .... と書き直すことができる。

◇ **for the past century**「この 100 年の間」
　＊主節の述語動詞を修飾する副詞句。

◇ **some humanists have been at odds with technologists**「人文学者の中には，科学技術者と反目している者もいる」
　＊ humanist「人文学者」とは，文学，哲学，芸術などの人文科学にたずさわる人のこと。一方，technologist は「科学技術者；工学者」の意。
　＊ be at odds with ...（＝ be in disagreement with ...）は「…と不和である；…と反目している」の意。この熟語の知識がなくても，次の viewing 以下から，人文学者は科学技術を敵視していることがわかるので，人文学者と科学技術者との関係が敵対関係であることは予想できる。(p.42 コラム②参照)

◇ **viewing technology as a harmful force beyond their control**「科学技術を，自分には制御できない有害な力とみなして」
　＊ S have been ... を修飾する分詞構文。S V ..., V-ing .... という表現では，V-ing 以下の分詞構文によって主節の内容を具体化したり，詳説したりする場合が多いが，ここではその用法。訳出に当たっては，「…とみなして反目している」と訳し上げても，「反目し，…とみなしている」と訳し下してもよい。

- * view (= regard) ... as ~ は「…を~とみなす」の意。
- * beyond ... は「…を越えている；…の及ばないところにある」の意で，この形容詞句が後ろから force を修飾している。
- * harmful は「有害な；危険な」，(a) force は「力（をもったもの）」，control は「支配（力）；制御（力）」の意。their は humanists を指す。

◇ —— **all the more intolerable because of its human origins**「もともと人間が作り出したものであるだけにいっそう耐えがたい」
- * a harmful force に対する補足説明。all the more ... because ~ は「~の理由の分だけいっそう…」の意。
- * its は a harmful force を指し，because of its human origins は because it has human origins と同意。

問3 （言い換え文の空所補充問題）

着眼点　言い換えに注意しよう

解法 INDEX ⑨

言い換え文の空所補充問題の解法
- ● 解答プロセス1
  本文の（下線部の）意味をつかむ。
- ● 解答プロセス2
  言い換え文の構造をつかむ。
- ● 解答プロセス3
  文脈を考慮に入れる。

下線部と設問の英文とを語学的観点から考えるだけでなく，下線部を含む文が置かれている環境，すなわち，文脈を考慮に入れることも忘れないようにしよう。

解答プロセス
1　本文の（下線部の）意味をつかむ

◇ **fifty years' hindsight is required for ...**「…のためには，作品が作られてから50年考えることが必要だ」
- * hindsight は「あることが起こった後でその本質や原因を理解すること；ことがすんだ後でことの全容を知る能力」という意味の，受験生には馴染みのない語だが，hind という接頭辞の知識 (hind は behind の頭部が省略されたもので，

「後ろの」の意。ちなみに，hindsight の反意語は foresight「先見（の明）；洞察力」）から，「後でわかること」という意味が類推できるかもしれない。この hind の意味より，選択肢から after を選ぶことになる。

◇ **the identification of a work of art**「芸術作品をそれと見分けること」
  * これが，identify a work of art (as such) を名詞化した名詞構文であると見抜くのがポイント。identify は「それが何であるか，その正体を確認する」の意であるから，recognize ... as such「…がそのようなものだとわかる」と書き換えることができる（such はこの文脈では，a work of art を指す）。

2 言い換え文の構造をつかむ

It is only ... fifty years that S V ... という「形」より，it が形式主語であったり，前の名詞を受ける代名詞であったりすることは考えられないから，強調構文ではないかと予想する。すでに見たように，hindsight の意味がおぼろげにでもわかっていれば，空所(イ)には前置詞の after を入れて，「芸術作品がそのようなものとして認識されるのは，50年後に他ならない」という強調構文として理解することができる。

3 文脈を考慮に入れる

¶2③「芸術作品の影響は，それが作られたときが最も強く，時の経過とともに弱まる」より，作品が作られた後の時の経過が話題になっていることがわかり，④「学者の脚注」より，その時間は，学者が作品研究に費やした時間であることがうかがえる。以上より，下線部は，作品が作られてから50年が経過してやっと作品が理解できるといった意味であることが類推できるので，ここから，it is only after ... that ... という強調構文であることに気づいてもよい。

問4 (i)（同意表現の抜き出し問題 ➡ **解法 INDEX** ⑥ p.35）

◎ 言い換えと対比に注意しよう

解答プロセス

1 下線部を含む文の意味をつかむ

下線部を含む文の意味は，「若者たちは，過去の芸術を鑑賞するように教えられるが，これは，医者が人を，弱められた形のウイルスにさらし，本物のウイルスに対して免疫ができるようにするのによく似ている」である（so は so that と同じで，「目的」を表す副詞節を導いていることに注意）。

2 該当箇所を特定する

下線部の直前の doctors 以下を精読しよう。そこには，「医者は，本物（▽）に対して免疫ができるように，人々を，弱められた形のウイルス（△）にさらす」とあるので，a weakened form of a virus（△）と the real thing（▽）（= the real virus）との対照に気づくことができるだろう。real は，weakened「弱められた」に対して，「正真正銘の；本物の」の意。

(ii)（下線部内容説明問題 ⇒ **解法 INDEX ③** p.21）

> 🎯 **言い換えに注意しよう**

解答プロセス

1 下線部を含む文の意味をつかむ

上で見たように，下線部の意味は「本物（のウイルス）」である。

2 該当箇所を特定する

¶2最終文（「若者たちは，医者が人を弱められた形のウイルスにさらすのとほぼ同様に，過去の芸術を鑑賞するように教えられる」）では，「同様」を表す接続詞の as が用いられていることより，the young が people に対応し，past art（△）が a weakened form of a virus（△）に対応していることがわかる。この対応は，次のように as 以下を受動態にしてみると，いっそうはっきりする。

> ***The young*** are taught to appreciate past art（△）
> much as ***people*** are exposed to a weakened form of a virus（△）
> so ***they*** will become immune to the real thing（▽）

一方，a weakened form of a virus（△）と対照的なものは，問(i)で考えたように，the real thing（▽）であるから，past art（△）と対照をなすものを文中から探せばよい。となると，意味からして，「現在の芸術」（▽）ということになる。すなわち，a weakened form of a virus（△）：the real thing（▽）= past art（△）：「現在の芸術」（▽）である。

3 答のまとめ方に注意する

「現在の芸術」に相当する英語表現を文中に探せば，¶2⑤に art created in the present が見つかる。これを，問いの要求通り，「現在創造されている芸術」と日本語に訳せば答となる。

パラグラフメモ

¶1	新発明による新たな文化創造の時代の幕開け
¶2	人文学者 —— 現在の芸術や技術に否定的
¶3	芸術 —— 現在の時点に存在し現在を肯定 現代の芸術 —— 美関連の技術開発に先導的役割

全訳

¶1 ①コンピュータの価格がぐんと下がって、今までにない発明の時代が始まろうとしている。②新しい地平があらゆる方面に表れるだろう。10もの大陸が同時に発見されるかのように、といってもよいぐらいである。③その結果として生じるのは、新しい製品や活動だけでなく、新しい概念や文化でもあるだろう。④今、この未来を垣間見て、それがいかに豊かで思いもよらないものになるかを感じとることは可能である。

¶2 ①不幸なことに、この100年の間、人文学者の一部は、科学技術者と折り合いが悪く、科学技術を自らの手に負えない有害な力 —— 人間が作り出したものであるだけにいっそう耐えがたいもの —— とみなしてきた。②この態度は、人文学者は伝統的に過去に焦点を合わせ、現在の芸術も科学技術も採り入れたがらないということの1つの表れである。③芸術作品の影響は、それが作られたときが最も強く、時の経過とともに弱まる。④学者の脚注があって初めて理解できるような芸術作品は、鑑賞者に直接語りかける芸術作品以上に力強いものとはみなされえない。⑤芸術作品であることを認めるには、それが作られてから50年考えて本質をつかむ能力が必要だと一般には思い込まれているが、これは、自信のなさから来るもので、現在の時点で創造される芸術の価値を否定し、美的判断を一種の、歴史に関するニールセン調査のようなものにしてしまう。⑥この態度は、ローマ人のギリシア人崇拝にまでさかのぼる。⑦それは芸術への敵対である。⑧若者たちは、過去の芸術を鑑賞するように教えられるが、これは、医者が人を、弱められた形のウイルスにさらし、本物のウイルスに対して免疫ができるようにするのとほぼ同じである。

¶3 ①芸術が存在するのは現在の時点においてである。②芸術は現在を肯定し主張する。③私たちは今、画期的な時代に生き、生活と密接に関わる技術を発明している。④このような時代の芸術は必然的に、利用できる最も強力な表現手段を用いることになる。それは芸術関連の技術の探究において追随するのではなくむしろ先導していく役割を果たすに違いない。⑤芸術家は、ひとり超然としていて、技術的なあらゆることに関するまったくの無知を深めていくことなどできはしないのである。

問題 8　頭という機械を動かす意識の信号

問題 p.16
見取図 p.14

解答
問1　意識と呼ばれる過程によって，頭の中で起こっていることを知ることができるという通念。
問2　your wish is automatically fulfilled
問3　アクセル・ペダルを踏むことは，車を加速するという仕事を行うものではないということ。
問4　(2)　意識的にあれこれ考えたところで，なぜそう考えたのかはほとんど明らかにならない
　　　(5)　車の設計者は，アクセル・ペダルに車を操縦する役目を割り当てたり，ハンドルに車の速度を制御させたりすることもたやすくできただろう。

本文読解のポイント
信号と自動化された作業の具体例を念頭に置きながら，意識と思考の関係が読みとれただろうか。

設問の解き方
問1　（承前語句問題　➡ **解法 INDEX** ① p.12）

◎　承前語句に注意しよう

解答プロセス
1　**下線部を含む文の意味をつかむ**

　下線部の逐語訳は「こうした自覚の評判」である。これが具体的にどういったことを指しているのかを問うているのが本問。

2　**該当箇所を特定する**

　this reputation「こうした reputation」というのだから，前の部分に reputation の記述を探せばよいのだが，reputation を「評判」という訳語でしかとらえられない人にはピンと来ないかもしれない。reputation とは what is generally said or believed about the abilities, qualities, etc. of somebody or something. 要するに，「ふつう思われていること；一般に人が抱いている意見」である。とすれば，this reputation「こうした通念（評判）」とは，直前の文の we usually regard O as C「私たちはふつう O＝C と考えている」の部分を名詞化して言い換えたものであることがわかる。すると，self-awareness「自分のことがわかっていること」（これは [be] aware of oneself から作った名詞表現）は，regard O as C の O＝C の部分，すなわち，them as enabling us to know what is happening inside our minds の部分に対応するのではないかという予想が立つ。

> we usually regard them as enabling us to know some processes ...
>   ↓   ↓
> this reputation of self-awareness

対応関係がはっきりわかるように，them as enabling ... の O＝C の部分を文（＝主部＋述部）の形に書き換えてみると，they enable us to know what is happening inside our minds となる。この them（書き換えた文の they）は，さらに前の some processes that we call consciousness「意識と呼ばれるいくつかの過程」を指している。すると，they enable us to know what is happening inside our minds の意味は，「意識と呼ばれるいくつかの過程は，私たちが，自分の頭の中で起こっていることを知るのを可能にしてくれる → 意識と呼ばれるいくつかの過程のおかげで，私たちは，自分の頭の中で起こっていることを知ることができる」ということになる。「自分の頭の中で起こっていること」は「自分のこと」であるから，ここまで来ると，自分が「自分のこと」を知るというのを self-awareness と言っていることがはっきりわかるだろう。

3 答のまとめ方に注意する

以上より，「意識と呼ばれる過程によって，頭の中で起こっていることを知ることができるという通念。」とまとめればよい。

問2 （同意表現の抜き出し問題 ➡ **解法 INDEX ⑥** p.35）

🎯 言い換えに注意しよう

解答プロセス

1 下線部を含む文の意味をつかむ

下線部の逐語訳は「残りのすべてが自らの面倒を見る」である。

2 該当箇所を特定する

下線部が言っているのは，「残りのすべては，ひとりでに行われる」ということだ

と気づけば，¶3最終文のautomatically「自動的に；ひとりでに」というキーワードを見逃すことはないはず。下線部(3)の直前の文も含めて，「(歩く方向を変える場合)何らかの漠然とした意図を意識しているだけ(only)で，後はすべて，ひとりでに行われる」という部分と，¶3最終文の「『あっちに曲がれ』と考えるだけ(all you think is ...)で，後は，ひとりでに望みが叶えられる」とが，すべてにおいてぴったり対応していることを発見できるかどうかがカギ。

¶3③	¶3最終文
you are aware only of some general intention	Yet all you think is "Turn that way,"
and (3)all the rest takes care of itself.	and your wish is automatically fulfilled.

3　答のまとめ方に注意する

以上を踏まえて，¶3最終文のand以下のyour wish is automatically fulfilledをもれなく抜き出せば答となる。

問3　(承前語句問題 ➡ 解法 INDEX ① p.12)

承前語句に注意しよう

解答プロセス

1　下線部を含む文の意味をつかむ

下線部の逐語訳は「これは，その作業をしているものではない」である。これが具体的にどういったことを指しているのかを問うているのが本問。

2　該当箇所を特定する

「具体的に説明せよ」とは，thisの内容，the workの内容を具体的にせよということである。承前語句の指示内容を問う問題では，前の部分をよく読むというのが鉄則であるが，そこだけではわかりにくい場合は，後ろの部分にも注意を払うとよい。本問の場合は，下線部(4)を含む文の前文(¶4①)は抽象的すぎて，わかりにくいかもしれないので，後ろのセミコロン以下をヒントにするとよい。

下線部(4)以降は，this is not A; it is B「これはAではなくて，Bである」(cf. S is not A but B. = S is not A; S is B.「SはAではなくBである」)という形になっていることに注意しよう。指示代名詞のthisは，通例，2度繰り返されることはなく，2度目以降はitで受けられるということも思い出して，this = itである

ことを押さえる。

　一方，セミコロン以下に目を向けて，次のような対応関係に注意しよう。

[it]	**is merely a signal** to make the engine push the car
↓ Similarly,	↕
[rotating the steering wheel]	**is merely a signal** that makes the steering mechanism turn the car

　「それは，エンジンに車を進めさせる信号にすぎない」と，「ハンドルを回すことは，操縦装置に車の方向を変えさせる信号にすぎない」とは，類似関係にある（similarly というつなぎ語に注意）ことより，「**それ (it)**」とは，この文脈では，「アクセル・ペダルを踏むこと」だということになる。上で指摘した this → it の引き継ぎ関係より，it が「アクセル・ペダルを踏むこと」を指しているなら，this も同内容である。

　ここまでで，下線部(4)の this という指示語は，その直前の you accelerate your car by pressing on the gas pedal のうちの pressing on the gaspedal を受けていることがわかった。

　では，下線部(4)の what does the work「その仕事を行うもの」の the work「その仕事」とは前のどこを受けているのか。this が pressing on the gas pedal を受ける以上，the work は，you accelerate your car by pressing on the gas pedal の残りの部分，すなわち，accelerate your car という部分を指していることになる。

3　答のまとめ方に注意する

　以上を総合すると，this is not what does the work の意味は，「アクセル・ペダルを踏むことは，車を加速するという仕事を行うものではない」となる。これを「…ということ」と締めくくると答となる。

問4　（下線部和訳問題 ➡ **解法 INDEX** ④ p.24）

(2)　◇ **our conscious thoughts reveal to us**「私たちの意識的な思考は，私たちに（…を）明らかにする」

　　＊reveal は「…を明らかにする；…をあばく」の意の他動詞だから，次に目的語が来ることを予想しよう。our conscious thoughts という名詞句を，「私たちは意識的にあれこれと考える（が，そのことで…は明らかにならない）」というように，文章の形に展開して訳すこともできる。

　◇ **so little of what gives rise to them**「それを生み出すものをほとんど…ない」

＊否定的な意味をもつ little「ほとんど…ない」は，ここでは「ごく少量」という意味の名詞に転用されて，他動詞 reveal の目的語となっていることに注意しよう。「S は…についてごく少量を明らかにする」が逐語訳で，これを意訳すると，「S は…をほとんど明らかにしない」となる。so は little の強めにすぎないものだから，「それほど」と明示して訳すのは不適当。

＊what によってまとめられる名詞節は，「それを生み出すもの」とも，「何がそれを生み出すか／なぜそれが生み出されるのか」とも訳せる。

＊give rise to ... は「…を生み出す」の意の頻出熟語表現。them は our conscious thoughts を指す。

(5) ◇ **The car's designer could easily have p.p.**「車の設計者は，容易に…できただろう」

＊could have p.p.「(やろうと思えば) …できただろう」という仮定法過去完了の表現の訳出に注意。

＊design「設計する」は基本単語。

◇ **assigned the pedal to steer the car**「ペダルに車の舵とりをさせる」

＊assign O to ... は「O が…するよう選任する」の意だが，これがわからなくても，文脈上の対応関係より，次に出てくる make O C の類似表現だろうと類推できるのが実力である。(p.42 コラム②参照)

＊pedal とは2つ前の文にあるように the gas pedal のこと (gas = gasoline) だから，訳としては「アクセル；アクセル・ペダル」とするのがよい。

＊steer の意味が「操縦する；舵をとる」であることは文脈から類推できるはずであるし，power steering「パワーステアリング (略称パワ・ステ) ＝動力舵とり装置」という日本語化したカタカナ英語から類推することもできるはず。

◇ **or made the steering wheel control its speed**「あるいはハンドルに車の速度を調節させる」

＊or によって結ばれるのは2つの過去分詞であることに注意。make O control ... は「O に…を調節させる」の意の第5文型の構文。

＊steering wheel は「操縦するための輪 ⇒ (自動車の輪形の) ハンドル」のこと。its は車を指す。

パラグラフメモ

¶1	日常生活で，よくわからないままでしていること
¶2	意識によって頭の中がわかるとする通念の怪しさ
¶3	意識せずに行動している実例
¶4	機械を動かす信号の実例
¶5	頭という機械に意識が信号を送ることによる目的の達成

全訳

¶1 ①実生活では，完全には理解できない物事を処理しなければならないことがよくある。②車を運転する場合，エンジンがどのように働いているかわかってはいないし，③人の車に乗せてもらっているときも，運転している人がどんな働きをしているのかわかっていない。④最も奇妙なのは，体と頭を動かすとき，自分自身がどんな働きをしているかわかっていないことである。⑤考えるということがどういうことかわからないまま，考えることができるというのは驚くべきことではないか。⑥考えを得ることはできても，その考えがどんなものであるかは説明できないというのは注目すべきことではないか。

¶2 ①私たちの頭の中には，意識と呼ばれるいくつかの過程があるようだ。②私たちはふつう，この過程のおかげで，頭の内部で起こっていることを知ることができると考えている。③しかし，私たちは，意識すれば自分のことがわかるというこの評判にさほど値するような存在ではない。というのも，意識的にあれこれ考たところで，なぜそう考えたのかはほとんど明らかにならないからである。

¶3 ①車を運転する人が，エンジンの働き方やハンドルが車を左右に舵とりする仕方はわからないまま，いかに車の莫大な運動量を管理しているかを考えてみてほしい。②しかし，こう考えてくると，私たちも自分の体をほとんど同じやり方で動かしているのである。③意識的な思考に関するかぎり，私たちは，車を操縦するのとほとんど同じやり方で体の向きを変えて，ある一定の方向へ歩を進める。④その際，意識しているのはある漠然とした意図だけで，後はすべてがひとりでに行われる。⑤動く方向を変えるのは，実際は非常に複雑なことである。⑥ボートの方向を変えるように，一方の側に，大きくであれ小さくであれ，一歩踏み出すだけでは，回る外側に体が倒れるだろう。⑥実際にはそうしないで，内側へ体を倒すことで方向を変え始め，遠心力を利用して次の一歩で体をたてなおす。⑦こうした信じがたい過程は，筋肉，骨，関節からなる巨大なシステムを必要としており，専門家にさえまだ理解できていない何百もの相互作用するプログラムによって筋肉，骨，関節のすべてが管理されている。⑧しかし，頭で考えるのは「あっちに曲がれ」だけで，後は，ひとりでに望みが叶えられるのである。

¶4 ①ある行為の結果が，行為自体の特性に本来的に備わっているものではなく，その結果にとっての原因がその行為にあるとされているだけである場合，そうした行為を「信号」と名づけることにする。②アクセルを踏むことで車を加速する場合，これは，車を加速するという働きしているのではなく，エンジンに車を進めさせる信号にすぎない。③同様に，ハンドルを回すことは，操縦装置に車の方向を変えさせる信号にすぎない。④車の設計者は，アクセル・ペダルに車を操縦

する役目を割り当てたり，ハンドルに車の速度を制御させたりすることもたやすくできただろう。⑤しかし，実際を重んじる設計者は，すでに何らかの意義を獲得している信号の使い道をいっそう開拓しようとするのである。

¶5 ①私たちの意識的思考は，信号＝記号を用いて，決して意識にはのぼらない無数の過程を管理し，頭の中のエンジンを操縦している。②こうした大きな機械へ信号を送ることによって，いかにしてかはわからないながら，目的を達成することができるようになる。これは昔の魔術師が儀式を利用して魔法をかけたのとほぼ同じことである。

問題9　人間関係に対する情緒面の学習

問題 p.18
見取図 p.16

解答
問1　her mother gazes at her affectionately
問2　母親は赤ん坊をベッドに戻し，怒って部屋から出ていく。赤ん坊は，泣くがままにされ，泣き疲れて再び眠りに落ちる。
問3　他人に信頼感を抱き自信をもったり，他人に不信感を抱き自信をなくしたりすること。（39字）
問4　2

本文読解のポイント
子育ての2種類の態度が情緒面で子どもにどのような影響をあたえるかを，対比の視点から整理して読みとれたかどうか。

設問の解き方
問1　（対照的表現の抜き出し問題）

🎯 対比に注意しよう

解法 INDEX ⑩

対照的表現の抜き出し問題の解法
- 解答プロセス1：下線部を含む文の意味をつかむ
- 解答プロセス2：前後の文脈を考える
  前後の文脈に対照的表現を探す。
- 解答プロセス3：答え方に注意する
  該当箇所の最初と最後の何語かを抜き出すのか，すべてを抜き出すのか，設問の要求を満たす答え方をする。

解答プロセス
1　下線部を含む文の意味をつかむ
　　下線部の意味は「母親は堅い表情で前方を見つめる」である。

2　前後の文脈を考える
　　マクロの視点で見て，¶1と¶2では，2つの対照的なタイプの母親がとりあげ

られていることに注意しよう。一つは，赤ん坊に愛情をもって接するタイプ（¶1）であり，いま一つは，赤ん坊にすげなく当たるタイプ（¶2）である。下線部(1)の前にも目をやって，As the baby nurses his mother stares stonily ahead を視野に入れると，この部分は，赤ん坊が nurse するときの母親のまなざし（stare「じっと見つめる」）について述べていることがわかる。このことさえ理解しておれば，たとえ nurse「乳を飲む」という自動詞や stonily「石のようにかたく → 冷ややかに」という副詞がわからなくても，¶1 ②の the baby contentedly nurses in her mother's arms while her mother gazes at her affectionately「赤ん坊は，母親の腕に抱かれて満足そうに乳を吸い，その間，母親は赤ん坊をやさしく見つめる」という部分が好対照をなすものであることがわかる。というのは，ここにもまた，赤ん坊が nurse するときの母親のまなざし（gazes at ...「…をじっと見つめる」）への言及があるからである。

3　答え方に注意する

答としては，his mother stares stonily ahead「母親は，stonily に，前方を見つめる」に，「主語＋動詞＋（「様態；様子」を表す）副詞」という形の点で対応する，her mother gazes at her affectionately「母親は，愛情をこめて赤ん坊を見つめる」という部分をもれなく抜き出せばよい。

問2　（下線部和訳問題 ➡ 解法 INDEX ④ p.24）

◇ **she puts him back in his bed and walks out angrily**「彼女は，赤ん坊をベッドに戻し，怒りながら部屋を出ていく」
　＊ she とは ¶2 ①の a mother を受けるもの。
　＊ put ... back in ~ は「…を~に戻す」の意。
　＊ walks out は「（部屋の）外へ歩いていく」が逐語訳だが，「（部屋を）出ていく」という訳でよい。
　＊ angrily は「怒って」の意で，walks out を修飾している。

◇ **letting him cry**「赤ん坊を泣くがままにして」
　＊ she puts ... and walks ... に続く分詞構文。「(let ...) して」と訳して，前の動詞（puts ...）にかけてもよいし，「…出ていき，…のままにしておく（let）」というように訳し下してもよい。
　＊ let ＋ O ＋原形動詞は，「O が…するままにしておく」の意の SVOC 型構文。

◇ **until he falls back to sleep, exhausted**「赤ん坊が，泣き疲れて再び眠りに落ちるまで」
　＊ let(ting) him cry を修飾する副詞節。

* S V ... until S′V′ .... は，逐語訳すると，「S′V′ ... まで（ずっと）S V ...」となるが，事柄の起こる順序で訳して，「S V ... して，あげくのはてに（とうとう；ついには）S′V′ ...」としたほうがわかりやすい場合がある。（ex. She ran and ran until she came to a small village.「彼女は走りに走って，とうとう小さな村にたどり着いた」）　ここでも，「赤ん坊が（…）眠りに落ちるまで泣かせておく」というのを，「赤ん坊を泣かせておき，そのうち赤ん坊は（…）眠りに落ちる」としてもよい。

* fall to sleep は「眠りに落ちる」の意。back は「元（の状態）へ→ふたたび」の意の副詞で，fall (to sleep) を修飾している。

* exhausted は，他動詞 exhaust「疲れ果てさせる」の過去分詞形で，「疲れ果てさせられている→疲れ果てている」の意。これは，再び眠りに落ちるときの子どもの状態を説明しているものと考えることができるので，訳出は，「疲れ果てて，再び眠りに落ちる」とするのがよい。

問3 （承前語句問題 ➡ 解法 INDEX ① p.12）

承前語句に注意しよう

解答プロセス

1　下線部を含む文の意味をつかむ

下線部の意味は「こうした感情面での学習」である。

2　該当箇所を特定する

前の文脈に「学習」について述べているところはないかと探そう。すると，¶ 3 ②に, The first baby is learning that ...; the second is finding that ...「最初の赤ん坊は…ということを学びつつあり，2番目の赤ん坊は…ということに気づきつつある」とあるのが見つかるので，この that 以下に書かれていることが「学習」の内容だと考えればよい。最初の赤ん坊と2番目の赤ん坊が学んでいることを対照表で示すと，以下のようになる。

	最初の赤ん坊の学習内容	2番目の赤ん坊の学習内容
他人に関して	People can be trusted to notice her needs and counted on to help「周囲の人々は，自分の欲求に気づいてくれると確信できる存在であり，助けてくれると当てにできる存在である」 （他人への信頼感）	no one really cares「だれも本当には気にかけてくれない」 people can't be counted on「人は当てにできない」 （他人への不信感）

| 自分に関して | she can be effective in getting help 「自分は人からうまく援助を得ることができる」(自信) | his efforts to get comfort will meet with failure 「慰めてもらおうと努力しても失敗に終わるだろう」(自己不信) |

　以上を要約すると，赤ん坊が身につけていくのは，他人への信頼感あるいは不信感，自分への信頼感（自信）あるいは不信感だということになる（そして，これを受けているのが，¶3の終わりから2つ目の文のhow secure, confident, and trusting a child feels「子どもがどれほど安心感，自信，他人への信頼感を抱くか」であることに注意しよう）。emotional learningのemotionalとは「情緒の；感情の」ということだから，上記の「…感」を身につけるということが「情緒面の学習」である。

3　答のまとめ方に注意する

　以上の考察より，¶3②の内容をまとめて，「他人に信頼感を抱き自信をもったり，他人に不信感を抱き自信をなくしたりすること。」(39字)とすれば答となる。

問4　(空所補充問題 ➡ 解法 INDEX ⑤ p.32)

🎯 対比に注意しよう

解答プロセス

1　空所を含む文の意味をつかむ

　空所を含む文の意味は，「幼い女の子が，パズルができなくてイライラして，仕事で忙しい母親のところへ助けを求めにいったとき，母親が明らかに機嫌よく応えてくれた場合と，『じゃまをしないで。だいじな仕事があるんだから』というすげない一言で片づけた場合とでは，子どもが受けとるメッセージはまったく異なったものになる」である。

2　前後の文脈を考える

　ここで便宜上，a little girl who finds a puzzle frustrating and asks her busy mother to help「パズルができなくてイライラして，仕事で忙しい母親のところへ助けを求めにいく幼い女の子」をSと表記し，if the reply is the mother's clear pleasure at the request「それへの応対が，子どもの要求に対する母親の明らかな喜びである場合 → この要求に母親が明らかに機嫌よく応えてくれた場合」をif①，if it's a rudely brief "Don't bother me —— I've got important work to do." 「それへの応対が，『じゃまをしないで。だいじな仕事があるんだから』というすげない一言である場合→『じゃまをしないで。だいじな仕事があるんだから』というすげない一言で片づけた場合」を if ② と表記することにすると，本文は，S gets one message if ①, and quite （　A　）if ②. 「Sは，①の場合に one message を受け取り，②の場合に quite （　A　）を受け取る」という形で書き表すことができる。愛情のある応対である①の場合と，すげない応対である②の場合とは，正反対の内容であるから，one message とは対照的なものが（　A　）に入ることが予想できる。ここで，another が one と相関的に用いられると，「別物」を表すことを思い出そう。(ex. To know is one thing; to teach is another. 「知ることと教えることとは別のことだ」) そこで，（　A　）に another を入れると，S gets one message if ①, and quite another [message] if ②. 「Sは，①の場合にあるメッセージを受け取り，②の場合に，まったく別のメッセージを受け取る→Sが①の場合に受け取るメッセージと，②の場合に受け取るメッセージとはまったく異なる」となって，うまく意味が通る。

パラグラフメモ

¶1	赤ん坊に愛情をもって接するタイプの母親
¶2	赤ん坊にすげなく当たるタイプの母親
¶3	子どもが抱く他人への信頼感は親の育て方に依存
¶4	幼い頃から始まる人間関係に対する情緒面の学習

全訳

¶1 ①生後2ヵ月の赤ん坊が夜中の3時に目をさまして泣き出したとしよう。②母親がやってくる。赤ん坊は，半時間ほど，母親の腕に抱かれて満足そうに乳を吸う。その間，母親は赤ん坊をやさしく見つめ，真夜中にもかかわらず，「顔を見ることができてうれしいわ」と語りかける。③赤ん坊は，母親の愛情に包まれて満足し，徐々に再び眠りに落ちていく。

¶2 ①今度は，生後2ヵ月の赤ん坊が，これまた真夜中に目をさまして泣き声をあげたとき，その相手をするのが先ほどの母親とは違って，夫とけんかをした末に1時間前に眠りについたばかりの，ぴりぴりした怒りっぽい母親だったとしよう。②母親が赤ん坊をいきなり抱きあげ，「だまりなさい！ ──いいかげんにしてよ！ ねえ，泣きやんでよ」と言った瞬間に，赤ん坊は身を固くし始める。③赤ん坊に乳を吸わせているとき，母親は堅い表情で前方を見つめ，赤ん坊には目もくれず，夫とのけんかを思い出している。長らく考えていると，いっそう腹が立ってくる。④赤ん坊は，母親の緊張を感じとって，身をよじったり固くしたりして，乳を吸うのをやめてしまう。⑤「もういいの？ じゃ，おしまい」と母親は言う。⑥母親はあいかわらずぶっきらぼうに赤ん坊を

ベッドに戻し、怒って部屋から出ていく。赤ん坊は、泣くがままにされ、泣き疲れて再び眠りに落ちる。

¶3 ①この2つの話は、国立臨床幼児教育センターの報告書の中で、何度も繰り返されると赤ん坊に自分自身と近親者について非常に異なる感情を抱かせることになるような種類のやりとりの例として提示されている。②1人目の赤ん坊が学んでいるのは、まわりの人々は、きっと自分の欲求に気づいてくれ、助けてくれると当てにできる存在であり、自分は人々からうまく援助を得ることができるということである。2人目の赤ん坊が気づきつつあるのは、誰もあまり気にかけてくれず、他人はあてにできないもので、慰めてもらおうと努力しても失敗に終わるだろうということである。③もちろん、たいていの赤ん坊は、こうした2種類の母親とのやりとりをどちらも経験する。④しかし、子どもがどれほど安心感、自信、他人への信頼感を抱くかは、これまでずっと親にどのような育て方をされてきたかによって決まる。⑤エリック・エリクソンはこれを、子どもが「基本的な信頼感」を抱くようになるか、基本的な不信感を抱くようになるかと言い表している。

¶4 ①こうした情緒面の学習は、人生の最も早い時期に始まり、子ども時代を通じてずっと続いていく。②親子間のどんなにささいなやりとりにも、情緒面での隠れた意味があり、こうしたメッセージが長年くりかえされるうちに、子どもは、自分の情緒的な態度や様々な潜在能力の核を形成していく。③幼い女の子が、パズルができなくてイライラして、仕事で忙しい母親のところへ助けを求めにいったとき、母親が明らかに機嫌よく応えてくれた場合と、「じゃまをしないで。だいじな仕事があるんだから」というすげない一言で片づけた場合とでは、子どもが受けとるメッセージはまったく異なったものになる。④こうしたやりとりが親子に特徴的なものになると、子どもの中に、人間関係に対する情緒的な予想が形成され、――良くも悪くも、人生のあらゆる分野での行動に影響を与えることになる、人生への一般的な態度が生まれるのである。

問題 10	哲学的仮定による科学理論の創造	問題 p.20 見取図 p.18

解答

問1 ある一定の哲学的な仮定，すなわち，証明の可能でない仮定

問2 科学的な考え方は今日の私たちには馴染み深いものなので，実際こうであるに違いないということはさほど明らかではないということに気づかない傾向が私たちにはある。

問3 最初：that the laws　　最後：region of space

問4 最初：that there never　　最後：course of time

問5 (c)

本文読解のポイント

「科学理論は，証明不可能な哲学的仮定に基づく」という主張が，具体例とともに繰り返されることに注意しながら読めただろうか。

設問の解き方

問1 （下線部和訳問題 ⇒ **解法 INDEX** ④ p.24）

> 言い換えに注意しよう

◇ **certain philosophical assumptions**「ある一定の哲学的仮定（想定）」

* certain は「ある；ある一定の」の意。「確かな」としないように注意。
* 名詞 assumption の元になっている動詞 assume は「(証拠なしに)…と仮定する(想定する)」の意。
* philosophical「哲学的」という形容詞は，「実験・観察によって科学的に証明できない性質をもつ」というほどの意味で使われている。

◇ **assumptions that are not susceptible of proof**「証明できない仮定」

* 直前の philosophical assumptions と同格関係にある名詞句。A，B という形の同格は，「A すなわち B」，または「B である A」といった訳出が可能。
* ここでの proof は「証拠（何かが真実だと示すもの）」ではなく，「立証；証明」の意。
* susceptible of ... は「…ができる；…が可能な」の意。susceptible of ... の意味がわからない場合は，proof が「証明」に関する単語であることの知識を頼りにして，「(哲学的) 仮定」と「証明」との関係が述べられている箇所を本文中に探せばよい。

すると，「証明不可能」だと以下に3回も繰り返されている（¶2② there is no way to demonstrate ...; ¶3② there is no way to demonstrate; ¶4① ... cannot be proved）ことに気づくだろう。

問2　（下線部和訳問題 ➡ **解法 INDEX** ④ p.24）

言い換えと対比に注意しよう

◇ **The scientific way of thinking is so familiar to us today that ...**「科学的思考法は今日の私たちにとってたいへん馴染み深いので…」
　＊ S is so ~ that ...「（たいへん）~なので…」はいわゆる so ~ that ... 構文。
　＊ S is familiar to ... は「S は…によく知られている；S は…にお馴染みである」の意。
　＊ way of thinking は「思考法；考え方」の意。

◇ **we tend not to realize that ...**「私たちは…ということに気づかない傾向がある」
　＊ tend to ... は「…する傾向がある；ともすれば…する」の意。ここでは否定の不定詞で，not to ...「…しない」となっていることに注意。
　＊ realize は「理解する；わかる；気づく」の意。

◇ **it is not so obvious that ...**「…ということはさほど明白ではない」
　＊ it は後ろの that 節（名詞節）を指す形式主語。it を「それ」と訳した人は，次のことに注意すべきだった。すなわち，it が先行する名詞句を指すとすれば，その指示内容は，文脈上，the scientific way of thinking ということになり，後ろの so obvious that ... は，いわゆる so ~ that ... 構文と解するほかなくなるが，こうした読み方をすると，「科学的な考え方は，今日の私たちにたいへん馴染み深いものなので，科学的な考え方は，これが真相に違いないほど明白ではない」という支離滅裂な文意になってしまうのである。
　＊ not so obvious は，「さほど明白ではない」の意。これを言い換えているのが ¶1 最終文の subtle「わかりづらい；とらえがたい；微妙な」である。不変の物理法則があるにちがいないということは，どちらかと言うと，巧妙に仕組まれた（sophisticated）微妙な（subtle）ことであって（¶1 最終文），火を見るより明らかな（obvious）ことではないというのが，ここで筆者の言おうとしていることである。

◇ **this must be the case**「事実こうであるに違いない」
　＊ this is the case という定型的な表現における this は，先立つ文の意味内容を指し，the case は「（事の）真相；実情」の意であって，全体として，「これが真相（実情；

本当）である；事実こうである」という意味になることは必修事項。本文では，これに must が加わって，this must be the case「これが真相に違いない」となっている。問題に指示がないので this の内容を明示して訳す必要はなく，「このこと；これ」としておいてよいが，念のため確認しておくと，this が指しているのは，前文の哲学的仮定の内容，すなわち，「物理法則のようなものがあって，これは常に変わらないということ」である。

問3　（同意表現の抜き出し問題 ➡ **解法 INDEX ⑥** p.35）

◎ 言い換えに注意しよう

解答プロセス
1　下線部を含む文の意味をつかむ
　　下線部を含む文の意味は，「たとえば，物理学の法則は，遠く離れた銀河系において，私たちの今いる空間領域におけるのとまったく同じであるに違いないということを証明する方法はないが，こうしたことを仮定しなければ，天体物理学といったようなものはありえないだろう」である。

2　該当箇所を特定する
　　¶2の冒頭の Other philosophical assumptions から明らかなように，¶2には「科学者が行う証明不可能な哲学的仮定」の別の例が提示されている。これを踏まえて，¶2②の，「…ということを証明する方法はないが，こうしたこと（this）を仮定しなければ，…はありえないだろう」という部分に注目すると，this が，demonstrate の目的語である that 節全体を指していることが見えてくるだろう。

3　答え方に注意する
　　that 節の最初の3語である that the laws と，最後の3語である region of space を抜き出せば答となる。

問4　（同意表現の抜き出し問題 ➡ **解法 INDEX ⑥** p.35）

◎ 言い換えに注意しよう

解答プロセス
1　下線部を含む文の意味をつかむ
　　下線部を含む文の意味は，「たしかにこうした考えもありうるが，あまり魅力あるものではない」である。

2 該当箇所を特定する

下線部(4)の The idea は conceivable「考えられる」の主語であることに注目する。直前の文でも conceivable が使われており、その主語は it（＝2つの that 名詞節）であるから、The idea は…この2つの名詞節の内容を受けたものであることがわかる。

3 答え方に注意する

よって、最初の3語である that there never と、最後の3語である course of time を抜き出せば答となる。

問5 （空所補充問題 ➡ 解法 INDEX ⑤ p.32）

🎯 言い換えに注意しよう

解答プロセス

1 空所を含む文の意味をつかむ

空所を含む文の意味は、「私たちが知る自然法則は、他の場所、他の（　5　）において働いているのと同じ法則であるという考えは証明できないが、これを支持する状況証拠はたくさんある」である。

2 前後の文脈を考える

¶4 は、「哲学的仮定は証明できないものではあるが、そういう仮定をすることで自然現象を説明する理論を創造してきたのだ」と、哲学的仮定の効用を述べて本文を締めくくるパラグラフである。ここで、パラグラフの展開に注意を向けると、哲学的仮定の例として、¶2で「物理法則はどこでも同じ」（場所に無関係）、¶3で「物理法則はいつでも同じ」（時に無関係）という仮定を挙げてきたわけだから、締めくくりの ¶4 では、¶2と¶3の内容を要約する形で、「法則は、他の場所、他の時代において働いているのと同じ」と述べていると考えるのが妥当である。よって、空所には、places「場所」と**対比**されるものとしての times「時」を入れる。なお、**物事を考えるときの2つの機軸として、「時間」（time）と「空間」（space）が出てくることが多いので注意**しておこう。

パラグラフメモ

¶1	科学者の行う哲学的仮定 —— 巧妙なもの 例1：物理法則の存在とその不変性
¶2	例2：物理法則はどこでも同じ

84

¶3 　例3：物理法則はいつでも同じ
¶4 　哲学的仮定による有効な科学理論の創造

全訳

¶1 ①もし科学者がある一定の哲学的な仮定，すなわち，証明の可能でない仮定をするのでなければ，科学者が自然界で観測する現象をいかなる形にせよ理解することはできないだろう。②たとえば，物理法則のごときものがあると仮定し，こうした法則は常に変わらないと仮定しなければ，物理学の研究を行うことはできないだろう。③科学的な思考法は今日の私たちには馴染み深いものなので，事実こうであるに違いないということはさほど明白ではないということに，私たちはともすると気づかない。④自然は可変の量に満ちている。太陽は毎日同じ時間に昇るわけではないし，海の潮の干満は連日，同じ時刻に起こるわけではないし，同じ高度に達するわけではない。⑤こうした現象を様々な原因に帰すのは自然なことに思えるだろう。⑥そうした現象は決して変わることのない重力の法則の働きに帰すことができるという考えは，実際のところは，どちらかと言うと微妙かつ巧妙なものである。

¶2 ①宇宙の特性を理解しようとする物理学者や宇宙論者からは，また別の哲学的な仮定がなされるに違いない。②たとえば，物理学の法則は，遠く離れた銀河系において，私たちの今いる空間領域におけるのとまったく同じであるに違いないということを証明する方法はないが，こうした仮定をしなければ，天体物理学といったようなものはありえないだろう。

¶3 ①同様に，宇宙の過去の進化について語ろうと思えば，今日働いている物理学の法則が何十億年も前に場や粒子の作用を決定していたのと同じものであると仮定しなければならない。②ここでもまた，実際にそうであるに違いないということを証明する方法はない。③いかなるビッグ・バン（宇宙の起源とされる大爆発）も宇宙の膨張もかつて存在したことはなく，自然の法則が時の経過のうちに変化したことを知らないために，私たちはだまされて，こうした出来事が起こったと思い込んでいるということはありうることである。④たしかにこうした考えもありうるが，あまり魅力的なものではない。⑤もし法則が知られざる方法で変化するなら，私たちはほとんど，「自然法則」という言い方をすることができなくなるだろう。

¶4 ①私たちが知る自然法則は，他の場所，他の時代において働いているのと同じ法則であるという考えは証明できないが，これを支持する状況証拠はたくさんある。②こうした仮定をすることによって，予測する力をもち，今日私たちが宇宙において観測する現象を首尾一貫して説明してくれるように思える理論が創造されるに至っている。③言い換えると，こうした基本的に哲学的な仮定をすることによって，意味をなすように思える科学理論が創造されているのである。

問題 11　一般人の科学理解に関心を抱くべき理由

問題 p.22
見取図 p.20

解答

問1　what the deuce is it to me?

問2　(A)　ワトソンの味方をしようか

　　　(C)　人々は，科学がたえず暴きだしている大きな秘密を知らせてもらって当然である

問3　初めの1語：these　　終わりの1語：about

問4　(ハ)

本文読解のポイント

一般人は科学的知識をもっているべきかという問題提起の後，そういうことに関心を抱くべき理由が2つ列挙されるという文章構成に注意を払って読めたかどうか。

設問の解き方

問1　（空所補充問題 ⇒ **解法 INDEX** ⑤ p.32）

🎯 **対比に注意しよう**

解答プロセス

1　空所を含む文の意味をつかむ

　空所を含む文の意味は，「ホームズがその問題について教えられるのを拒むときのワトソンの驚きを想像してほしい。『（　1　）』と，ホームズはいらいらしてワトソンの話の腰を折った。『私たちは太陽のまわりを回っていると君は言うが，月のまわりを回っていたって，私にとって，また私の仕事にとって，何の変わりもない』」である。

2　前後の文脈を考える

　¶2①，②を読むと，¶1のワトソンとホームズのやりとりは，それぞれ，「科学の基本問題について一般の人々が知識をもっていることが重要なことなのかどうかという問題」（¶2②）に対する2つの態度を代表していることがわかる。さらに¶2③を対比の視点で捉えておこう。

ワトソン派（科学的知識必要派）△	ホームズ派（科学的知識不要派）▽
Shall we 　take the side of Watson, and 　say that such things are part of what every civilised human being ought to know ...?	shall we 　fall into line with Holmes, and 　say: what the deuce is it to me?

　以上を踏まえて，(1)を考えてみよう。Holmes refuses ...: '"(1)" he interrupted ...' より，空所に入るのがホームズのセリフであることがわかる。

　¶2にホームズの言いそうなセリフを探すと，¶2の終わりから2つ目の文に what the deuce is it to me?「いったい全体それが何だって言うんだ」とあるのが見つかるので，これが答ということになる。ちなみに，the deuce (= the devil) は疑問詞を強める語で「いったい全体」の意だが，この意味を知らなくても，what is it to me? が文の骨格であることより答は出せる。

問2　(下線部和訳問題 ➡ 解法 INDEX ④ p.24)

言い換えに注意しよう

(A)

解答プロセス

2　未知の部分を文脈から類推する

　Shall we ...?「…しましょうか？」，take the side of ...「…の味方をする；…に組する」といった知識を問うているようにみえるが，実は文脈読解問題である。¶2③の「私たちはワトソンに…して，そんなこと（科学の基本事項）は人が知っておくべきことの一部だと言おうか，あるいは，ホームズに…して，『それが何だっていうんだ』と言おうか」を見れば，「...」の部分を予想するのはそう困難ではないだろう。「ワトソンに同調する；ワトソンと意見を同じくする」などといった答でも正解になる。ちなみに，fall into line with ... は「…に同意する；…に同調する」の意で，ここでは，take the side of ... と fall into line with ... とは同意関係にあることに注意しよう。

(C)

解答プロセス

2　未知の部分を文脈から類推する

　これまた，一見，語彙力を試す下線部訳だと思えるが，実は文脈読解問題である。

まず一通りの語句解説をしよう。

◇ **People deserve to ...**「人々は（…する）に価する⇒…して当然である」
◇ **be let in on ...**「…を打ち明けられる」 let 人 in on ... は「人に…（秘密など）を打ち明ける」という意味の熟語的表現であり，be let in on ... はこれを受け身にした形。
◇ **the great secrets that science is continually uncovering**「科学がたえず解明している大いなる秘密」 uncover は「（秘密などを）暴露する；あばく」の意。let 人 in on ... の意味は文脈から類推できるようになっている。

¶3の冒頭の「（一般人の科学理解に）関心をもつべきもっともな理由が2つあると思う」と言った後，¶3でその理由の1つ目が述べられ（¶3②の First に注意），¶5でその理由の2つ目が述べられる（¶5①の My second reason for caring about public understanding of science の second に注意）というパラグラフの展開に注意しよう。¶5で第2の理由に移るということは，¶4はまだ第1の理由に関する部分であること，言い換えると，¶3と¶4の趣旨は一貫していることが予想できる。

ところで，¶3の趣旨は，②「一般人の科学理解に関心をもつべきなのは，科学は現代の文化の顕著な特徴であって<u>人々は科学について知っていて当然である</u>（people deserve to know about it）」によって簡潔に言い表されている。

とすれば，下線部(C)は，People deserve to know about it（下線部(C)の直前の know about にも注意）の言い換えであることが見えてくるだろう。

```
people deserve to   know about   it （＝science）
                         ‖
people deserve to   be let in on   the great secrets that science is ...
                                   uncovering
```

問3 （同意表現の抜き出し問題 ➡ **解法 INDEX** ⑥ p.35）

🎯 対比に注意しよう

解答プロセス

1 下線部を含む文の意味をつかむ

下線部を含む文の意味は，「科学者がはっきり<u>こう</u>言うことはまれだが，明白な事実として，こうしたことは（言うまでもなくほかにも多々あるが）知ると興味をそ

そられることである」である。

2 該当箇所を特定する

　本問を解くために必要となる前提知識は，say, think, hope, believe など，「言う」や「思う」といった意味の動詞の次に使われた so は，それらの動詞に続く that 節の代用をするということ（ex. "I believe he is safe." ── "I hope so.（＝ I hope that he is safe.）"），従属節が先に来ている場合は従属節中の指示語が後ろの主節の中の語句を先取りして指すことがあること（ex. When he was young, Tom liked playing baseball.）である。

　上記のことをふまえた上で，下線部(B)を含む文に逆接関係を示す although が使われていることに注意すれば，「科学者が『そうだ』と明白に（in an explicit way）口に出して言うことはめったにないが，…ということは明白な（plain）ことだ」の意の¶4②には，「（あることは）明白に言われることはめったにない⇔（あることは）事柄としては明白だ」という対比関係があることに気づくだろう。

3 答え方に注意する

　以上より，so ＝ that these ... are fascinating things to know about であることがわかるので，正解としては，初めの1語として these，終わりの1語として about を選ぶ。

問4 （内容一致問題）

> 本文中に同じ話題を見つけよう

解法 INDEX ⑪

内容一致問題の解法

● 解答プロセス1：選択肢と同じ話題を本文に見つける
　　選択肢の話題を確認し，それと同じ話題について述べている箇所を本文に見つける。

● 解答プロセス2：選択肢の真偽を判定する
　　選択肢と本文の主張を比べて，真偽判定をする。「偽」とするのは，「本文の内容と矛盾するもの」，あるいは，「本文に記述がないもの」である。なお，正解の選択肢を選ぶのが難しいときは，間違いの選択肢を消していく「消去法」を活用しよう。

89

(イ)

解答プロセス

1　選択肢と同じ話題を本文に見つける

　選択肢の意味は「コペルニクスの理論を知らなかったので、ホームズはワトソンにそれをもっと詳しく説明するように求めた」―― ホームズ，ワトソンとコペルニクス理論との関係について述べているのは本文の ¶1。

2　選択肢の真偽を判定する

　選択肢の「もっと詳しく説明するように求めた」は，本文 ¶1 ③の「教えられるのを拒む」に反する。

(ロ)

解答プロセス

1　選択肢と同じ話題を本文に見つける

　選択肢の意味は「私たちの文化の顕著な特徴は，科学の発見である」――「私たちの文化の顕著な特徴」について述べているのは本文の ¶3 ②。

2　選択肢の真偽を判定する

　本文 ¶3 ② には，the discovery of science ではなく "science is the outstanding feature of our culture" とあるので，選択肢の「科学の発見」は本文に反する。

(ハ)

解答プロセス

1　選択肢と同じ話題を本文に見つける

　選択肢の意味は「筆者の見解を受け入れるならば，私たちの時代は，今から数千年後に，ピカソよりもいっそうアインシュタインのことで記憶にとどめられるだろう」―― 数千年後の記憶について述べているのは本文 ¶3 ③以降。

2　選択肢の真偽を判定する

　本文 ¶3 ④，⑤に「記憶に残るのは…美術の質の高さ（選択肢の「ピカソ」はこれを代表するもの）という点でか…。そうは思わない」とあり，⑥に「私たちは，世界と，世界の中での私たちが占める位置を理解することにおいてなし遂げた驚くべき前進（選択肢の「アインシュタイン」はこれを代表するもの）の点で記憶にとどめられるだろう」とあるのに，選択肢の内容は合致する。

(ニ)

解答プロセス

1　選択肢と同じ話題を本文に見つける

　選択肢の意味は「注目すべき事実は，私たちは科学においてのみならず美術や文

学の分野でも大きな前進を成し遂げたということである」── 美術や文学について述べているのは，本文¶3④。

2 選択肢の真偽を判定する

本文¶3④の趣旨は「美術や文学の点ではなく科学の点で私たちの時代は後世に記憶されるだろう」ということであるから，「美術や文学の分野でも大きな前進を成し遂げた」と主張する選択肢は本文の内容と矛盾する。

(ホ)

解答プロセス

1 選択肢と同じ話題を本文に見つける

選択肢の意味は「科学者が自然の秘密を漏らさないようにすべきである真の理由は，科学者がそうした秘密は危険であると考えているということである」── 自然の秘密を漏らすという話題が出てくるのは本文¶4③。

2 選択肢の真偽を判定する

本文¶4③には，「人々は，科学がたえず解明している大きな秘密を共有してしかるべきである」とあるので，選択肢の内容はこれに合わない。

パラグラフメモ

¶1	科学的知識をめぐるワトソンとホームズのやりとり
¶2	一般人は科学的知識をもっているべきかという問題に対する2つの考え方
¶3	一般人の科学理解に関心を抱くべき第1の理由：科学は現代文化の粋
¶4	隠された真実を解明する科学
¶5	一般人の科学理解に関心を抱くべき第2の理由：科学は日常生活に深く影響
¶6	生活の至る所にある科学

全訳

¶1 ①シャーロック・ホームズとワトソン博士が最初に出会ったのは，アーサー・コナン・ドイルの『緋色の研究』の中でだった。②ホームズには高い知的能力があるにもかかわらず，地球とその他の惑星は太陽のまわりを回っているというコペルニクスの法則をまったく知らないことを知って，ワトソンはびっくりする。③ホームズがその問題について教えられるのを拒むときのワトソンの驚きを想像してほしい。「一体それが私にとって何だと言うんだ」と，ホームズはいらいらしてワトソンの話の腰を折った。「私たちは太陽のまわりを回っていると君は言うが，月のまわりを回っていたって，私にとって，また私の仕事にとって，何の変わりもないんだ」

¶2 ①ワトソンとホームズはヴィクトリア朝の古風なやり方で，今日でもなお根本的な重要性をもつ問題を提起している。②地球と太陽との関係，原子の構造，生命の本質といった科学の基本的

な問題について何らかの知識があるかどうかということは本当に重要なことだろうか，という問題提起である。③ワトソンの味方をして，こうしたことは教養あるすべての人が知っておくべきことの一部であると言おうか。あるいは，ホームズに同調して，「一体それが私にとって何だというんだ」と言おうか。④要は，一般人の科学理解にどうして関心をもたなくてはならないのか，ということなのである。

¶3 ①私の考えでは，それに関心を抱くべきたいへんもっともな理由が少なくとも2つある。②1つは，科学は私たちの文化の顕著な特徴であり，人々はそれについて知っていて当然だということである。③もしこれを疑うのなら，次のように自分に問うてみてほしい。今から数百年，数千年後に，とりわけ科学以外のどんな創造的偉業の分野で，私たちの文明は記憶にとどめられているだろうか，と。④記憶に残るのは現代の建築の華麗さという点でか，美術の質の高さという点でか，あるいは，文学の卓越性という点でか。⑤いずれも怪しいものである。⑥科学以外のものがすべて灰に帰してもなお私たちは，世界と，世界の中での私たちが占める位置を理解することにおいてなし遂げた驚くべき前進の点で記憶にとどめられるだろうと私は思う。

¶4 ①歴史をざっと見渡してみると，私たちの時代は，宇宙は本当はどのような場所なのか，有機体は本当のところどのようなものなのかを初めて発見した時代である。②科学者がはっきりと口にすることはまれだが，明白な事実として，こうしたことは（言うまでもなくほかにも多々あるが）知ると興味をそそられることである。③人々は，科学がたえず解明している大きな秘密を共有してしかるべきである。④哀れなシャーロックよ。彼には，自分が何をのがしているかが実際わからなかったのである。

¶5 ①一般人の科学理解に関心を抱くべき理由の2つ目は，もっと実際的なものである。②すなわち科学は，私たちの文化が最も首尾よくおこなっていることであるのみならず，私たちの生活様式に最も重要な影響を与えるものでもあるということである。③私たちがおこなうほぼあらゆること —— 食べること，赤ん坊をもうけること，働くこと，休暇をとることなど —— を考えてみれば，それが科学によって形成されていることに気づくだろう。

¶6 ①比較的広い関心をもつ者にとって，科学は至る所にある —— 仕事場（この仕事はおもしろそうだが，関連する情報技術にうまく対処できるだろうか），家庭（電子レンジは便利そうだが，そのマイクロ波は実際どのような働きをしているのだろうか，また本当に安全なのだろうか），スーパーマーケット（無菌だということになっているから放射線で滅菌処理した食品を買おうか，あるいは，危険だと言う人もいるのでやめておこうか），診療所（あの厄介な足首について尋ねよう。その場合，返ってくる答を理解できるだろうか）など，至る所にある。②こうした日常の事柄を多少なりとも理解するためには，少なくともある程度は科学について知っている必要があるのである。

92

問題12　科学的思考力の発達に不可欠な幼児期の活動

問題 p.26
見取図 p.22

解答

問1　幼い頃にものを操作する経験をしていないために数学的な頭脳構造を欠いているから。（39字）

問2　(b)

問3　こうした遊びから，直線や接続に結びついた頭脳構造が生まれてくる

問4　本物の線路上の本物の列車と，おもちゃの線路上のおもちゃの列車との幾何学的類似性がわかること。（46字）

問5　比例にかかわる学科が理解できないと，数学や理科での更なる進歩が阻まれること。（38字）

本文読解のポイント

幼児期の遊びが頭脳構造に及ぼす影響を読みとることができたかどうか。

設問の解き方

問1　（理由説明問題 ⇒ **解法 INDEX ②** p.18）

> **着眼点**　暗示的な理由に注意しよう

解答プロセス

1　下線部を含む文の意味をつかむ

下線部の意味は，「見たところ単純な何がしかの科学的観念をまったく理解することができない」である。

2　該当箇所を特定する

unable の繰り返しに目をつけて，2つ後の文（¶1③）の unable to process the information they are given because they are missing some critical mental structures に注意する。同一パラグラフ内の下線部(1)「見たところ単純な何がしかの科学的観念をまったく理解することができない」と，¶1③「与えられる情報を処理することができない」とは同趣旨のことだと判断できるので，下線部(1)のようになる「理由」は，¶1③の because 以下に書かれていることがわかる。すると，この because 以下をまとめれば答になりそうだが，「いくつかの決定的な頭脳構造が欠けているため」とするだけでは制限字数の半分にしかならない。

そこで，some critical mental structures とは何なのかという問題意識をもって，本文を読み進めていこう。本文中で mental structures に言及されている箇所を書き出してみる。

¶2① <u>These structures</u> develop from *a sequence of relevant experiences that extends back to earliest childhood.*「<u>こうした頭脳構造</u>は*子ども時代の最も初期にまでさかのぼる一連の適切な経験*から発達してくる」

¶2⑥ By age four or five, the child may have lost all interest in the type of toys that supply *the manipulative experiences relevant to developing <u>the mental structures</u> necessary for mathematics.*「その子は，4歳か5歳までには，*数学に必要な*<u>頭脳構造</u>*を発達させるのにふさわしい，物を操作する経験*をさせてくれる類のおもちゃに対するあらゆる興味を失ってしまっているのかもしれない」

¶3⑤ <u>the mental structures</u> associated with lines and connections, which enable the child to see the geometrical similarity between a real train on real tracks and a toy train on toy tracks「直線や接続に結びついた<u>頭脳構造</u>〈が生まれてくるのであり〉，このおかげで，子どもは，本物の線路上の本物の列車と，おもちゃの線路上のおもちゃの列車との幾何学的類似性を知ることができるようになる」

以上の対応箇所より，問題になっている mental structures とは，
(1) 数学（幾何学的理解）に必要なもの（¶2⑥，¶3⑤）
(2) 幼い頃の，ものを操作する経験から生まれてくるもの（¶2⑥）
という特徴をもつことがわかる。(manipulative experience とは，¶3の列車遊びの例からわかるように，幾何学的操作をする経験のこと。)

3 答のまとめ方に注意する

以上をふまえて，「幼い頃のものを操作する経験から生まれる，数学に必要な頭脳構造が欠けているから。」(39字)，あるいは，「幼い頃にものを操作する経験をしていないために数学的な頭脳構造を欠いているから。」(39字) とすれば答となる。

念のため，幼い頃の経験と，それから発達してくる頭脳構造との関係をまとめておこう。

	幼児期の遊び （ものを操作する経験）	⇒	（数学的・科学的） 頭脳構造
¶2	6歳の女子のぬいぐるみ遊び④〜⑤		数学に必要な頭脳構造が発達せず⑥
¶3	3歳の男子の列車遊び①〜④		直線と連結に関する頭脳構造が発達⑤

問2 (空所補充問題 ➡ **解法 INDEX** ⑤ p.32)

> 🎯 **対比に注意しよう**

解答プロセス

1 空所を含む文の意味をつかむ

空所を含む文の意味は,「しかし,今や,子どもはきわめて多彩なおもちゃを手にし,実に多様な遊びをすることができるので,多数の(2)経験をしているのであるが,不幸なことに,そのうちで,科学的思考の発達にとって適切なものはほとんどない」である。

2 前後の文脈を考える

空所(2)を含む文の先頭の But に着目し,その前後が対照的な関係にあることに気づけるかどうかがポイント。すなわち,「昔は子どもの経験は同じようなものだったが,今では(2)経験をするようになっている」というのだから,空所には,similar, same とは対照的な意味の different を入れるのが最も適当である。

in simpler times (過去) △	now (現在) ▽
... had similar (△) experiences	... provide a multitude of different (▽) experiences
... progressed in ... the same (△) direction	

問3 (下線部和訳問題 ➡ **解法 INDEX** ④ p.24)

◇ **From such play come the mental structures**「こうした遊びから頭脳構造が生まれてくる」

＊ the mental structures come from such play の倒置形である。From such play を文頭に出すことによって「主題化」し,文法上の主語である the mental structures を後ろに回すことで「焦点化」している(重要な情報として際立たせている)ことに注意。

◇ **associated with lines and connections**「直線や接続に結びついた」

＊ the mental structures を修飾する形容詞句。

＊ associated with ... は「…に結びつけられている→…に結びついている」の意。

＊ lines and connections「直線や接続」については,直後の geometrical「幾何学的」や train「列車」という語との関係を考えて,的外れな訳をしないようにしよう。

問4 （承前語句問題 ➡ **解法 INDEX** ① p.12）

言い換えに注意しよう

解答プロセス

1 下線部を含む文の意味をつかむ

下線部を含む文の意味は，「何かこのような理解が，縮尺や比例といった形式的概念の発達には欠かせないように思える」である。

2 該当箇所を特定する

such insight「このような理解」というのであるから，insight「理解」の内容を求めて前に目を向ける。ところで，insight とは，読んで字のごとく in + sight「物事の中を見ること」，すなわち，「物事の本質を見抜く能力；洞察（力）」であるから，直前の文の see「見る（＝わかる）」が insight「見ることができること（＝わかること）」に引き継がれていることがわかる。以上より，such insight とは，「the geometrical similarity between a real train on real tracks and a toy train on toy tracks がわかること」である。

なお，the geometrical similarity between A and B は「AとBの間の幾何学的類似性」の意で，a real train on real tracks「本物の線路上の本物の列車」がA，a toy train on toy tracks「おもちゃの線路上のおもちゃの列車」がBに相当する。

3 答のまとめ方に注意する

insight の内容の説明になるように，「…がわかること。」，あるいは，「…に対する理解（洞察）。」と締めくくる。

問5 （承前語句問題 ➡ **解法 INDEX** ① p.12）

言い換えに注意しよう

解答プロセス

1 下線部を含む文の意味をつかむ

下線部の逐語訳は「この遮断」である。

2 該当箇所を特定する

前に blockage にかかわる部分を探す。blockage の意味がわからなくても，これが，直前の文中の block という動詞の名詞形だとわかれば答は出せる。すなわち，S blocks ... という文を訳して，全体を名詞化する（すなわち，文末を「…という

こと」と締めくくる）とよい。

　そこで，下線部(5)の直前の文を正しく読みとることが不可欠になる。構文上のポイントは以下の通り。

◇ **The failure to understand these subjects**「こうした科目を理解できないこと」
　* これが文の主部。failure to ... は，fail to ...「…できない；…しない」を名詞化した言い方で，「…できないこと；…しないこと」の意。
　* these subjects とは，前の文の subjects that involve proportionality, such as percent and time-rate-distance「百分率や時間―速度―距離といった，比例にかかわる学科」のこと。

◇ **blocks any further progress in mathematics and science**「数学や理科での更なる進歩を阻む」
　* block ... は「…をふさぐ；…を妨害する」の意。
　* any further progress は「どんなものにせよ更なる進歩」の意。further は「更に先の；更に進んだ」の意の形容詞。
　* in mathematics and science「数学や理科における」は any further progress を修飾する形容詞句。

　以上より，The failure to understand these subjects blocks any further progress in mathematics and science. が「こうした学科が理解できないと，数学や理科での更なる進歩が阻まれる」という意味であることがわかる。

3　答のまとめ方に注意する

　以上に基づいて，「こうした学科が理解できないと，数学や理科での更なる進歩が阻まれるということ。」とすれば答となるのだが，最後に注意したいのは，「this blockage の内容を…具体的に説明せよ」という問いの指示である。「こうした学科」としておくだけでは内容が具体的になっていないので，「こうした学科」が指す内容を，その前文より，「比例にかかわる学科」(subjects that involve proportionality) と具体化しておく必要がある。（2段階の遡行）。後は，40字という制限字数以内で，「比例にかかわる学科が理解できないと，数学や理科での更なる進歩が阻まれること。」(38字) とまとめれば答となる。

パラグラフメモ

¶1　子どもに科学的概念が理解できない理由 ── 頭脳構造の欠如

¶2	頭脳構造の発達 ── 幼年期
	女の子の大半のおもちゃ ── 科学的思考の発達に無関係
¶3	おもちゃの列車での遊び ── 数学的な頭脳構造の発達に寄与
¶4	幼児期における数学的経験の欠如 ── 数学や科学での向上の妨げ

全訳

¶1 ①科学の教師がする最も際立った経験の1つは、聡明で熱心ではあるが、見たところ単純な何がしかの科学的観念をまったく理解することができない子どもに出くわすことである。②こうした生徒が知能を備えていることは、彼らが、理解できないことをはっきり認めることからして明らかである。③にもかかわらず、こうした子どもたちは、いくつかの決定的な頭脳構造を欠いているために、与えられる情報を処理することができないのである。

¶2 ①こうした頭脳構造は、子ども時代の最も初期にまでさかのぼる一連の適切な経験から発達してくるものである。②比較的単純な時代においては、同じ階級、同じ文化に属する大部分の生徒は似かよった経験をし、そのため、ほぼ同じ方向に進歩した。③しかし、今や、子どもはきわめて多彩なおもちゃを手にし、実に多様な遊びをすることができるので、多数の異なる経験をしているのであるが、不幸なことに、そのうちで、科学的思考の発達にとって適切なものはほとんどない。④中流階級の6歳の女の子の部屋をちょっと覗いてみれば、そこが、ぬいぐるみのおもちゃと柔らかい編み物の世界であることがわかる。⑤ぴったりかみ合うおもちゃは1つもなく、直線をもつものは何一つない。⑥その子は、4歳か5歳までに、数学に必要な頭脳構造を発達させるのにふさわしい、物を操作する経験をさせてくれる類のおもちゃに対するあらゆる興味を失ってしまっているのかもしれない。

¶3 ①これを、おもちゃの列車で遊ぶ3歳児と比べていただきたい。②その子は、最初は、手当たり次第に個々の部分をもて遊んでいるかもしれないが、親の手ほどきを受ければ、まもなく、各部分を「ふさわしく」関連づけることに興味をもつようになるだろう。③列車はほどなく、それ独自の存在感をはっきり示すようになり、子どもは、鉄道を走らせる正しいやり方と間違ったやり方があることを理解するようになる。④列車で遊ぶことは、ある場所からある場所へ車両が線路を転がっていけるように線路を接続することを意味するようになる。⑤こうした遊びから、直線や接続に結びついた頭脳構造が生まれてくるのであり、このおかげで、子どもは、本物の線路上の本物の列車と、おもちゃの線路上のおもちゃの列車との幾何学的類似性を知ることができるようになるのである。⑥何かこのような理解が、縮尺や比例といった形式的概念の発達には欠かせないように思える。

¶4 ①類似に関する適切な具体的経験をせずに中等学校へ来る生徒は、百分率や時間─速度─距離といった、比例にかかわる学科に対する準備ができていない。②こうした学科が理解できないと、数学や理科での更なる進歩が阻まれることになる。③こうした妨害を防ぐためには、生徒は幼稚園以降、幾何学的、数量的思考を発達させるよう意図された具体的な活動をするように仕向けられなければならない。

問題 13　環境保護のために必要な教育の見直し

問題 p.28
見取図 p.24

解答

問1　地球環境は次の世紀のために真の国際協力を通じてしか守ることができないという共通認識が急速に広まりつつある。

問2　(a)　a thorough review of educational concepts and school courses
　　(b)　教育は，将来社会を先導していくことになる人々の考え方や姿勢を形作るものだから。(39字)

問3　地球上の生物の存続を脅かす環境問題の解決に取り組むこと。(28字)

問4　(ハ)

本文読解のポイント

環境問題の具体的内容と，その根本的解決法について，情報をつかみとれたかどうか。

設問の解き方

問1　(下線部和訳問題 ➡ 解法 INDEX ④ p.24)

◇ **The collective awareness is rapidly growing**「共通認識が急速に高まりつつある」
　* collective は「共通の；社会全体の；人々の」の意。
　* awareness は「認識；自覚；意識」の意。

◇ **(The ... awareness) that S′ V′ ...**「S′ V′ ... という（…認識）」
　* awareness と，この that 節とが同格関係にあることの発見がポイント。awareness that ... は be aware that ... を名詞化したもの。

◇ **the global environment can ... be protected for the coming century**「地球環境は来世紀のために…守ることができる」
　* coming は「来るべき；次の」の意。

◇ **only ... through ～**「～によってしか…できない；～を通じてのみ…できる」
　* only は through ～ という副詞句を際立たせる焦点化の副詞。ex. Natural calamities only visit us when we least expect them.「天災は，最も予期しないときにしかやってこない（天災は忘れた頃にやってくる）」

◇ **genuine international cooperation**「真の国際協力」

問2 （下線部内容説明問題 ➡ **解法 INDEX** ③ p.21）

言い換えに注意しよう

解答プロセス
1　下線部を含む文の意味をつかむ

　　下線部を含む文の意味は,「しかしこのためには,根本的なところでの徹底した再考がいくらか必要だろう」である。

2　該当箇所を特定する

(a)　下線部の radical「抜本的な；徹底的な」という形容詞．rethinking「再考；再検討」の re-「再度の」という接頭辞に注意すれば,¶4①の thorough「徹底的な」,review「再検討；見直し」との対応が見つかる。

(b)　下線部(2)の some radical rethinking が必要な理由は,a thorough review of educational concepts and school courses が必要な理由と同じである。後者の理由がその直後の文の because 以下に書かれていることは見つけやすい。This is vital because education shapes the outlook and attitudes of those who will take the lead in society in the years to come.「このことが非常に重要であるのは,教育は,これから将来社会を先導していくことになる人々の考え方や姿勢を形作るものだからである」の this とは a thorough review of educational concepts and school courses を指している。vital は necessary or very important の意。この because 以下を字数内におさめれば答となる。

3　答のまとめ方に注意する

　　「なぜ…か」という問いの形に呼応させて,「…だから。」と締めくくる。

問3 （承前語句問題 ➡ **解法 INDEX** ① p.12）

承前語句に注意しよう

解答プロセス
1　下線部を含む文の意味をつかむ

　　下線部を含む文の意味は,「このような長期的な課題における最も基本的な改善法は教育を通じて探し求めるべきだ」である。

2　該当箇所を特定する

　　表現がどのように受け継がれていくかを,別冊の『英文見取り図』を見ながら確認してみよう。

まず，¶4①の a long-term task like this「このような長期的な課題」(task とは「しなくてはならない仕事」のこと）より，this が「しなくてはならないこと」であることがわかる。
　前の文脈に「しなくてはならないこと」を探すと，¶3最終文に It is Japan's responsibility ... to take the initiative in tackling the issues「こうした問題に率先して取り組むことが…日本の責任である」とあるので，this は「こうした問題に取り組むこと」だとわかる。
　ところで，「こうした問題」the issues の内容が明らかではないので，さらに文脈をさかのぼると，その具体的内容が¶3③の continued reduction of the ozone layer, warming of the earth, desertification, acid rain, and so forth に書かれていることがわかるが，具体例をすべて入れていると制限字数をはるかに越えてしまう。そこで，上記を「環境問題」，それも，¶3③の threaten the survival of the human race and all other forms of life on the planet といった記述を考慮に入れて，「地球上の生物の存続を脅かす環境問題」と簡潔にまとめるのがよい。

3　答のまとめ方に注意する

　以上より，「地球上の生物の存続を脅かす環境問題の解決に取り組むこと。」(28字)とすると制限字数内の解答ができあがる。

問4　（空所補充問題 ➡ 解法 INDEX ⑤ p.32）

🎯 言い換えに注意しよう

解答プロセス

1　空所を含む文の意味をつかむ

　空所を含む文の意味は，「その解決策は，(　4　)，自在に使いこなせる経験と知能のすべてを活用することによって求めなければならない」である。

2　前後の文脈を考える

　¶5①の scientific research / human inquiry and invention, ¶5②の all the experience and intelligence はすべて，「人知」を表すものであるという意味で，同趣旨のものであると捉えられるかどうかが出発点となる。では，「人知 → 公害の発生」(¶5①) と，「人知 → 公害の解決」(¶5②) とはどのような関係にあるのかというと，公害を生むという「マイナス」評価のことも，公害をなくすとい

う「プラス」評価のことも，ともに同じ「人知」のなせるわざだというわけだから，「つなぎ言葉」としては，likewise「同様に」が適当ということになる。「公害を発生させたのが人知であるならば，それを解決するのもまた（無知蒙昧ではなく）人知である」というのが，ここの趣旨である。

原因（人知） ⇒	結果
・科学研究（research）によって達成された技術の進歩 ・人間の研究（inquiry）と発明	¶5①公害問題（△）
・利用できる経験と知能の活用	¶5②公害問題の解決（▽）

積極的に正解が選べないときは消去法に頼ってもよい。(イ) as it were「言わば」は誇張した表現の和らげ，(ロ) for example は例示，(ニ) moreover は追加を意味するが，いずれも前後関係から言って奇妙である。

パラグラフメモ

¶1	地球環境を保護していくには根本的な見直しが必要
¶2	直接目につく公害問題はかなり改善
¶3	国際的な環境問題は未解決 ── 率先した取り組みが日本の義務
¶4	このために必要な教育の徹底的な見直しが必要
¶5	科学教育が人類存続のためになっているかとの自問が必要

全訳

¶1 ①今日の最も注目すべき国際問題の多くは環境に関するものである。②二酸化炭素の発生によって起こる地球の温暖化，酸性雨による森林破壊，河川や海洋の汚染，野放図な砂漠化，スプレー中の化学薬品による防御オゾン層の破壊といったものは，科学者，政府の役人，環境保護論者の間や，新聞，雑誌，テレビ等で議論されている問題の一部にすぎない。③地球環境は次の世紀のために真の国際協力を通じてしか守ることができないという共通認識が急速に広まりつつある。④しかしこのためには，根本的なところでの徹底した再考がいくらか必要だろう。

¶2 ①水俣病（水銀中毒）が1950年代後半に発生して以来，日本では環境問題が大きな社会問題の1つとなっており，公害や他の公衆衛生に対する危険をとり除くための様々な対策が講じられてきた。②その結果，少なくとも，私たちの日常生活の中で目につく問題を処理することにかけてはかなりの改善がなされている。③東京の都心部から富士山が見える日数は大きく増え，東京の最も古い地域を流れる隅田川の悪臭はうすれ，魚が川にもどってきた。

¶3 ①しかしながら，今国際的な注目を集めている問題を見れば，環境問題が決して解決されていないことがはっきりわかる。②私たちが直接認め経験する公害は減少したかもしれないが，人間

活動一般の範囲は非常に拡大しており，専門家は，生態系の途方もない変化の兆候を指摘している。③もし何も手を打たなければ，減少を続けるオゾン層，地球の温暖化，砂漠化，酸性雨などが，長期的には，地球上の人類および他のあらゆる形態の生物の存続を脅かすのではないかと危ぶまれている。④こうした問題は私たちの日常生活に直接の脅威を与えることはないかもしれないが，今適切な処置を講じなければ，それが与える損害は永久的なものになるだろう。⑤これまでに考えられたのよりずっと長期的な展望をもった対策をとり入れてこうした問題に率先してとり組むことが，工業国としての日本の責任である。

¶4 ①このような長期的な課題における最も基本的な改善法は教育を通じて探し求めるべきであり，このためには，とりわけ理科系の学科における教育理念と学習課程を徹底的に見直すことが必要である。②このことが非常に重要であるのは，教育は，将来社会を先導していくことになる人々の考え方や姿勢を形作るものだからである。

¶5 ①オゾン層の減少だけでなく，大気や水の汚染を引き起こす現象の大部分の原因は，科学研究によって達成された科学技術上の進歩に求めることができる。こうした現象は人間の研究と発明の産物なのである。②そうだとすると，その解決策も同様に，自在に使いこなせる経験と知能のすべてを活用することによって求めなければならない。③今私たちは，とりわけ理科系の科目で子どもたちに与えている教育が，人類の存続を守る方向に機能しているのか，存続を危うくする方向に機能しているのか，自問しなければならないのである。

問題 14　記憶の働き

問題 p.32
見取図 p.26

解答

問1　第1は，物理的現象を記憶が受け入れる類の記号に変換し，それを記憶に入れる段階，第2は，それを保持し蓄える段階，第3は，蓄えているところからそれを取り出して元に戻す段階。

問2　したがって，記憶をある程度理解するためには，様々な状況の下でどのような操作が各段階で起こり，どのようにしてこうした操作に異常が生じ，結果としてうまく思い出せないということになるのかを明確にする必要がある。

問3　バーバラの名前を聞いた直後にそれを思い出すといった短期記憶が働く状況と，もっと時間を置いて2度目に会ったときにその名前を思い出すといった長期記憶が働く状況との区別。

問4　(A) remember　(B) unable　(C) don't　(D) similar

本文読解のポイント

記憶の3段階，短期記憶と長期記憶との対比に注意を払って読み進められたかどうか。

設問の解き方

問1　（下線部内容説明問題　➡ **解法 INDEX ③** p.21）

> ◎ 承前語句に注意しよう

解答プロセス

1　下線部を含む文の意味をつかむ

　下線部を含む文の意味は，「ささやかなものではあるが記憶という偉業は，3つの段階に分解できる」である。

2　該当箇所を特定する

　いくつかのものを列挙するときの「つなぎ語」に注意しよう。three stages の具体的内容は，¶3で，First, … (= the encoding stage) ／ Second, … (= the storage stage) ／ And third, … (= the retrieval stage) と説明されている（¶4②でも any of the stages —— encoding, storage, or retrieval と，まとめて言われている）。

	具体的な説明	より一般的な説明
第1段階 (the encoding stage) ¶3③	最初に紹介されたときにバーバラの名前を記憶に入れる (deposit into memory)。¶3②	言われた名前に相当する物理現象（音波）を，記憶が受け入れる類の符号に変換し (transform into a code)，その符号を記憶の中に入れる (place that code in memory)。¶3④
第2段階 (the storage stage) ¶3⑥	2回の出会いの間，その名前を保持しておく (retain or store)。¶3⑤	[符号を保持しておく。]
第3段階 (the retrieval stage) ¶3⑧	2回目に会ったときに蓄えからその名前を取り戻す (recover)。¶3⑦	[符号を元の名前へと復元する。]

3 答のまとめ方に注意する

「簡潔に説明しなさい」という問いの要求の，「簡潔に」とはどの程度なのか，字数制限がないので定かではないが，必要最低限の説明のことだと解釈すれば，「第1段階は，聞いた名前を記憶に入れる段階。第2段階は，その名前を保持しておく段階。第3段階は，記憶の蓄えからその名前を取り出す段階。」という答え方でよい。もう少し補って「第1は，物理的現象を記憶が受け入れる類の記号に変換し，それを記憶に入れる段階。第2は，それを保持し蓄える段階。第3は，蓄えているところからそれを取り出して元に戻す段階。」とするのもよい。

問2　（下線部和訳問題　➡ **解法 INDEX** ④ p.24）

◇ **So an understanding of memory involves specifying ...**「したがって，記憶をある程度理解するためには…を明確にすることが必要である」

　＊ an understanding of ... は「…のある程度の理解；…をある程度理解すること」の意。

　＊ involve ... は「…を必要な部分として含む → …を必要とする」の意。an understanding of memory involves specifying ... は if you are to understand memory to some extent, you have to specify ... とパラフレーズできる。

◇ **specifying ...** は他動詞 involve の目的語となる動名詞句。specify ... は「…を明確にする；…を明細に述べる」の意。

◇ **what operations occur at each stage in different situations**「様々な状況

の下でどのような操作が各段階で起こるか（ということ）」
* specify の目的語となる名詞節。
* operations は「操作」の意。疑問形容詞の what「どんな…」は operations を修飾している。

◇ **and how these operations can go wrong and result in memory failure**
「そして，どのようにしてこうした操作に異常が生じ，結果としてうまく思い出せないということになるのか（ということ）」
* how 以下は specify の2つ目の目的語となる名詞節。
* go wrong は「（…が）うまくいかない；（…に）異常が生じる」の意。can「…することがある」は「能力」ではなく「可能性」を表す。
* result in ... は「結果として…になる」の意。
* failure は「機能停止；うまく機能しないこと」の意。memory failure (= a failure to remember something; an inability to retrieve information you have encoded and stored in your brain) は「思い出せないこと」と訳すとよい。

問3　（下線部内容説明問題 ➡ **解法 INDEX** ③ p.21）

◎　**承前語句に注意しよう**

解答プロセス

1　下線部を含む文の意味をつかむ

　　下線部を含む文の意味は，「バーバラ・コーンに会う話を少し変えてみることによって，この区別を例証することができる」である。

2　該当箇所を特定する

　　本問に答える際の注意点は，設問が「this distinction の指している内容を説明せよ」ではなく，「this distinciton を，文中で述べられている例を用いて説明せよ」となっていることである。すなわち，設問は，(i) this distinction の指示内容を把握することと，(ii) 文中の具体例を用いてそれを説明することを要求している。この二重の要求を見逃さないことが大切である。

(i)　**this distinction の指示内容の把握**

　　まず，this distinction「この区別」の指示内容を求めて，直前の文脈（¶5）に目を向ける。

　　すると，¶5④ The former situations are said to tap short-term memory, while the latter reflect long-term memory. において，「前者の状

況：短期記憶を利用 ⇔ 後者の状況：長期記憶を反映」という区別（「対比」を示す接続詞である while に注意）が述べられていることがわかる。

次に，承前語句である the former, the latter の指示内容を求めて，さらに文脈を遡る。すると，もう1つ前（¶5③）の Memory seems to <u>differ between</u> those situations that require us to store material for a matter of seconds and those that require us to store material for longer intervals from minutes to years. において，「素材を2，3秒間蓄えることを要求する状況 ⇔ 素材を長期間（数分から数年）蓄えることを要求する状況」という区別（differ between A and B という表現が明らかな目印）が述べられていることがわかる。

この時点で，「素材を2，3秒間蓄えることを要求する状況と，素材を長期間（数分から数年）蓄えることを要求する状況」とまとめて答としたのでは，上記の(i)の要求にしか応えていないことになり，不十分である。

(ii) **文中の具体例を用いての説明**

下線部(3)の直前の illustrate に注目して，this distinction が，バーバラの名前を記憶する話の中で例示されていることをつかむ。

一般論	さらに前の文（¶5③）	素材を2，3秒間蓄えることを要求する状況（△）	素材を長期間蓄えることを要求する状況（▽）
	直前の文（¶5④）	短期記憶を利用する状況（△）	長期記憶を反映している状況（▽）
下線部(3)		こうした区別（this distinction △⇔▽）	
実例	後ろの文（¶6②）	バーバラの名前を聞いた直後に（＝数秒後に）名前を思い出す（¶6②〜④）	2度目に会ったときに（＝初めて名前を聞いてから数時間後に）バーバラの名前を思い出す（¶6⑤）

3　答のまとめ方に注意する

以上の(i) this distinction の指示内容の把握と，(ii)文中の具体例を用いての説明という二面を盛り込んで，「バーバラの名前を聞いた直後にそれを思い出すといった短期記憶が働く状況と，もっと時間を置いて2度目に会ったときにその名前を思い出すといった長期記憶が働く状況との区別。」とまとめる。

問4　（空所補充問題　➡　**解法 INDEX** ⑤ p.32）

🎯 **言い換えと対比に注意しよう**

選択肢の与えられたこの種の空所補充問題では，まず品詞によって選択肢を絞り込み，次に，前後の文意から決定するという方針でいくとよい。

(A)

¶1 ①All learning implies memory. ②If we remembered nothing from our experiences we could learn nothing. ③Life would consist of momentary experiences that had little relation to one another. ④We could not even carry on a simple conversation. ⑤To communicate, you must （　A　） the thought you want to express as well as what has just been said to you.

解答プロセス

1　空所を含む文の意味をつかむ

空所を含む文の意味は，「意思疎通をはかるためには，相手から言われたばかりのことだけでなく，こちらが言いたいと思うことも（　A　）していなければならない」である。

2　前後の文脈を考える（品詞で絞り，文意で決定する）

まず品詞に注目する。must の次の位置より，空所に入るものを，原形動詞の可能性のある content; do; remember; remind; undo に絞る。次に意味を考える。¶1のキーワードである memory（①），remember（②）に注目して，remember を選ぶと，¶1①・②「あらゆる学習には記憶が必要。覚えていないと何も学べない」，⑤「意思疎通には…を覚えていることが必要」となって，文意が通じる。

(B)

¶4 ①Memory can fail at any of these three stages. ②Had you been （　B　） to recall Barbara's name at the second meeting, this could have reflected a failure in any of the stages —— encoding, storage, or retrieval. ③So an understanding of memory involves specifying what operations occur at each stage in different situations and how these operations can go wrong and result in memory failure.

解答プロセス

1　空所を含む文の意味をつかむ

空所を含む文の意味は，「2度目の出会いのときにバーバラという名前を思い出すことが（　B　）とすれば，符号化，保管，取り戻しという3つの段階のいずれか

における不備が原因だったのかもしれない」である。

2 前後の文脈を考える（品詞で絞り，文意で決定する）

まず品詞に注目する。you had been (B) to V というつながりの中で空所にふさわしいものは，content (be content to V「喜んで…する」); unable; unwilling に絞られる。次に意味を考える。¶4のキーワードである Memory can fail (①)，failure (②), memory failure (③) に注目して，unable (to recall) を選ぶと，「名前を思い出すことが（できなかった）とすれば，符号化，保管，取り戻しという3つの段階のいずれかにおける不備が原因だったのかもしれない」となって，意味が通る。

(C)

¶5　① Do the three stages of memory <u>operate in the same way</u> in all memory situations? ② A good deal of research suggests that they (C). ③ Memory seems to <u>differ</u> between those situations that require us to store material for a matter of seconds and those that require us to store material for longer intervals from minutes to years. ④ The former situations are said to tap short-term memory, while the latter reflect long-term memory.

解答プロセス
1 空所を含む文の意味をつかむ

空所を含む文の意味は，「多くの研究は，(C) を示唆している」である。

2 前後の文脈を考える（品詞で絞り，文意で決定する）

まず品詞に注目する。they の次であること，直前の文が Do the three stages ... operate ...? であることより，空所に入るものは do か don't に絞られる。次に意味を考える。¶5①「記憶の3段階は，記憶がなされるあらゆる状況で<u>同じように働くのか</u>」という問いかけに続けて，¶5③「2つの状況で働く記憶は異なるようだ」と言われていることより，空所には don't (operate in the same way) が入ることがわかる。

(D)

¶7　① When we <u>recall a name immediately</u> (△) after encountering it, retrieval seems effortless, as if <u>the name were still active, still in our consciousness</u> (△). ② **But** when we try to *recall the same name hours later* (▽), retrieval is often difficult, *as the name is no longer conscious* (▽).

③This contrast between short-(△) and long-term(▽) memory is (D) to the contrast between conscious knowledge (△) and the *subconscious knowledge*(▽) we have but are not currently thinking about. ...

解答プロセス

1 空所を含む文の意味をつかむ

　空所を含む文の意味は，「短期記憶と長期記憶とのこの対照は，意識的な知識と，私たちがもってはいるが目下のところ念頭にはおいていない潜在意識における知識との対照に（ D ）」である。

2 前後の文脈を考える（品詞で絞り，文意で決定する）

　まず品詞を考える。is (D) to N (名詞) というつながりの中で空所にふさわしいものは，opposite か similar に絞られる。次に意味を考える。¶ 7 ①「すぐ行われる（△ immediately after ...）想起 —— 取り出しは容易 —— 名前がまだ意識にあるかのごとし」と，②「時間を経ての（▽ hours later）想起 —— 取り出しは困難 —— 名前がもはや意識にないかのごとし」より，「短期記憶（△）と長期記憶（▽）との対照」は「意識的知識（△）と無意識的知識（▽）との対照」と似ているという意味になるように similar を選ぶ。

パラグラフメモ

¶1	あらゆる学習の前提 —— 記憶
¶2	名前を記憶している例
¶3	記憶の3段階 ——(1)符号化　(2)保持　(3)復元
¶4	記憶の3段階での異常
¶5	記憶の働きの違い —— 短期記憶と長期記憶
¶6	短期記憶と長期記憶の例
¶7	短期記憶（意識的・能動的）と長期記憶（無意識的・受動的）の対照性

全訳

¶1　①あらゆる学習には記憶力が必要である。②経験したことから何も記憶していなければ，何一つ学べないだろう。③人生は，互いにほとんど関係のない一時的な経験からなるものとなり，④単純な会話を行うことさえできないだろう。⑤意思疎通をはかるためには，相手から言われたばかりのことだけでなく，こちらが言いたいと思うことも記憶していなければならないのである。

¶2 ①ある朝，ひとりの学生に紹介されて，バーバラ・コーンという名前だと告げられ，②その日の午後に，彼女にまた会って，「バーバラ・コーンさんですね。今朝，会いましたよね」というようなことを言ったとしよう。③その場合，彼女の名前を記憶していたことは明らかである。④しかし，正確にはどんなことをしたのだろうか。⑤記憶にはどういうことが含まれるのか。

¶3 ①ささやかなものではあるが記憶という偉業は，３つの段階に分解できる。②まず，紹介されたとき，バーバラ・コーンという名前を記憶の中に何とかして入れた。③これが符号化の段階である。④口に出して言われた名前に対応する物理現象（音波）を，記憶が受け入れる類の符号に変えて，この符号を記憶の中に入れたのである。⑤次に，再び出会うまでの間，その名前を保持ないしは保管していた。⑥これが保管の段階である。⑦そして第三に，２度目の出会いのときに，保管しておいたところからその名前を取り出した。⑧これが取り戻しの段階である。

¶4 ①記憶は，この３つの段階のいずれにおいても支障をきたすことがある。②２度目の出会いのときにバーバラという名前を思い出すことができなかったとすれば，符号化，保管，取り戻しという３つの段階のいずれかにおける不備が原因だったのかもしれない。③したがって，記憶をある程度理解するためには，様々な状況の下でどのような操作が各段階で起こり，どのようにしてこうした操作に異常が生じ，結果としてうまく思い出せないということになるのかを明確にする必要がある。

¶5 ①記憶の３段階は，記憶が行われるあらゆる場合において，同じように働くのだろうか。②多くの研究は，そうではないことを示唆している。③記憶は，１，２秒の間，内容を頭に留めておくことが要求される場合と，数分から数年というように，いっそう長い間，頭に留めておくことが要求される場合とでは異なるようだ。④前者は短期記憶を利用している場合だと言われ，後者は長期記憶を反映している場合である。

¶6 ①バーバラ・コーンに会う話を少し変えてみることによって，この区別を例証することができる。②最初の出会いのときに，彼女の名前を耳にするや否や，友人がやって来たので，「ジム，バーバラ・コーンに会ったことがあるかい」と言ったとしよう。③これは，短期記憶の例だろう。④ほんの１，２秒後にその名前を取り戻したわけである。⑤２度目に会ったときに彼女の名前を思い出すのは長期記憶の例だろう。というのも，名前が符号化されてから数時間たって，取り戻しの作業が行なわれるからである。

¶7 ①名前を聞いた直後にそれを思い出すときは，取り戻し作業は何の努力もなしに行われるように思える。まるで，その名前がまだ活発に息づき，まだ私たちの意識の中にあるかのようである。②しかし，その同じ名前を数時間後に思い出そうとするときは，その名前がもはや意識の中にはなくなっているので，取り戻し作業が困難になることが多い。③短期記憶と長期記憶とのこの対照は，意識的な知識と，私たちがもってはいるが目下のところ念頭にはおいていない潜在意識における知識との対照に似ている。④記憶は，巨大な知識の塊とみなすことができるが，いついかなるときでも，活発に息づいているのは，それのほんのわずかな部分にすぎず，⑤その他の部分は息を潜めているのである。⑥短期記憶は活動的な部分に対応し，長期記憶は活発でない部分に対応している。

| 問題 15 | 触られる恐怖が安堵感に変わる密集 | 問題 p.36
見取図 p.28 |

解答

問1　未知のものに体が触れることへの恐怖。(18字)
問2　うっかり体が触れたことに対して即座におわびの言葉が述べられること。
　(別解)・体が触れたことに対するおわびの言葉を待つ間に緊張感があること。
　　　　・体が触れたことに対してすぐに謝罪が行われない場合には激しい，時には身体的な反応をすること。
　　　　・相手が誰か確信がもてないときでさえ，体が触れたことをわびようとしない人に対して反感や憎しみを抱くこと。
問3　the feeling of relief
問4　人は，自分に体を押しつけているのが誰なのかもはやわからなくなる。
問5　人は，体を押しつけてくる他人を自分自身のように感じるということ。(32字)
問6　(c)
問7　(d)

本文読解のポイント

接触の恐怖感が様々に言い換えられていく文脈の展開と，恐怖感と安堵感との対比が読みとれたかどうか。

設問の解き方

問1　(承前語句問題 ➡ **解法 INDEX** ① p.12)

◎ 言い換えに注意しよう

解答プロセス

1　下線部を含む文の意味をつかむ

　下線部の意味は「この恐怖」である。

2　該当箇所を特定する

　fear「恐怖」について述べている所を前に探すと，次の3つが見つかる。

　　¶1①　man fears nothing more than <u>the touch of the unknown</u>
　　¶1③　Man ... tends to avoid <u>physical contact with anything strange</u>
　　¶1④　the fear of <u>an unexpected touch</u>

3 答のまとめ方に注意する

以上より,「未知のもの」,「身体的」,「接触」というキーワードを盛り込んで,「未知のものに体が触れることへの恐怖。」(18字)とまとめる。

問2 (下線部のない内容説明問題)

具体例に注意しよう

解法 INDEX ⑫

下線部のない内容説明問題の解法
- 解答プロセス1：問いのテーマを確認する
  最初に設問文を読んで,問いのテーマを知る。本文からどのような情報を読みとるべきかを教えてくれる設問には先に目を通しておこう。
- 解答プロセス2：該当箇所を特定する
  問いのテーマについて述べている箇所を本文中に見つける。
- 解答プロセス3：答のまとめ方に注意する
  問いに対してふさわしい答になるよう,答のまとめ方に注意する。

解答プロセス

1 問いのテーマを確認する

問いのテーマは「fear が人間の根深い性向であることを示す証拠」である。

2 該当箇所を特定する

「人間の深い性向」については, ¶4①に, S proves that we are dealing here with a deep-seated human tendency「私たちが今ここで相手にしているのが人間の根深い性向であることを, S は証明している」とある。この S (主部)こそが「証拠」であるから, S を構成している4つの名詞句のうちの1つを答えればよい。すなわち, ①The promptness ... contact. ②the tension ... awaited. ③our violent and sometimes even physical reaction ... forthcoming. ④the antipathy ... who it is のうちの1つである。ここでは,代表例として①の解説をしておく(他は訳例参照)。the promptness with which apology is offered for an unintentional contact は,「意図的でない接触に対して謝罪がなされる際のすばやさ」が逐語訳だが, apology is offered for an unintentional contact with promptness「意図的でない接触に対してすばやく謝罪がなされる」という文にいったん戻し,これを「…ということ」と締めくくってもよい。

3 答のまとめ方に注意する

「証拠」の具体例を尋ねられているのだから,「…ということ。」と体言止で答える。

問3 （同意表現の抜き出し問題 ➡ 解法 INDEX ⑥ p.35）

◎ **言い換えと対比に注意しよう**

解答プロセス
1 下線部を含む文の意味をつかむ

下線部を含む文の意味は,「人ごみは,恐怖がその反対のものへと変わる唯一の状況である」である。

2 該当箇所を特定する

下線部(2)のすぐ前の the fear は,その前文の this fear of being touched を受けており, the fear changes into its opposite「この恐怖はその反対のものに変わる」というのだから, its opposite「その反対のもの」とは,「恐怖の反対」だとわかる。「恐怖の反対」を,後ろの文脈に探せば,最終パラグラフ最終文の the feeling of relief「安堵感」ということになる。

3 答え方に注意する

4 words を英語のまま抜き出せという問いの要求通り, the feeling of relief と,もれなく抜き出す。

問4 （下線部和訳問題 ➡ 解法 INDEX ④ p.24）

◇ **he no longer notices who it is that presses against him**「人は,自分に体を押しつけているのが誰なのかもはやわからなくなる」

* he は ¶5 ① の man を引き継いだもの。「彼」とすると特定の男性を指しているような感じを与えるので,「人；人間」と訳す。
* who 以下は他動詞 notice の目的語となる名詞節。
* who it is that presses against him は, it is *x* that presses against him「自分に体を押しつけているのは *x* である」という強調構文の *x* を疑問代名詞 who「誰」に代えて節の先頭に出し,「自分に体を押しつけているのは誰なのか（ということ）」の意の名詞節にしたもの。
* press against ... は「…に身を押しつける」の意。press oneself against ...「…に自分の身を押しつける」の oneself が省略されたものと考えるとよい。

＊him はこの文の主語の he と同じものを指しているので，こういう場合は「自分」と訳すのがコツ。

問5　(下線部内容説明問題　➡　**解法 INDEX ③** p.21)

承前語句に注意しよう

> ¶ 5 ... ④ As soon as a man has surrendered himself to the crowd, he ceases to fear its touch. ... ⑥ ***The man*** pressed against him is the same as himself.　⑦ He feels ***him*** as he feels himself. ⑧ Suddenly it is as though everything were happening in one and the same body.

(下線部の語はすべて同一人物を表し，⑥で新たに登場した ***The man*** が次の⑦で ***him*** と言い換えられていることに注意。)

解答プロセス

1　下線部を含む文の意味をつかむ

下線部の逐語訳は，「彼は自分自身を感じるように彼を感じる」である。

2　該当箇所を特定する

下線部(4)の代名詞が何を指すかを確認するのがポイント。

He (= A) feels him (= B) as he (C) feels himself (D). とすると，主語と目的語が同一の場合は再帰代名詞を用いるという文法規則より A ≠ B，C = D であることがわかる。また，下線部(4)の主節の主語である He が文の主題なので，従属節中の主語の he もこれと同じものを指すと解するのが妥当だという理由から，A = C であることがわかる。とすると問題は，A と B という 2 人の人物の関係はどうなのかということになる。

そこで前文 (¶ 5 ⑥) に目を向けよう。The man pressed against him は関係代名詞を用いて書き換えると The man who is pressed against him となる。この press は他動詞で「…を押しつける」の意，その過去分詞の pressed は「押しつけられている」の意であるから，The man pressed against him は「彼に押しつけられている人；彼に身を押しつけている人」という意味になる。ここで the man と him が同一人物であることは意味上ありえないから，him とは誰のことかと思ってさらに前を見ると，¶ 5 ④ As soon as a man has surrendered ... の a man だとわかる。つまり，a man「ある人」を当事者として立て，その人にとっての相

手（他者）を the man pressed against him「その人に体を押しつけている他人」で表しているわけである。

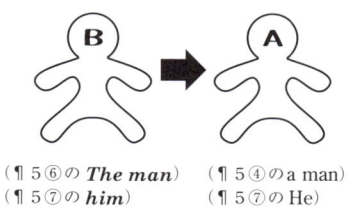

(¶5⑥の ***The man***)　(¶5④の ***a man***)
(¶5⑦の ***him***)　(¶5⑦の He)

3　答のまとめ方に注意する

　　以上をふまえて，「人は，体を押しつけてくる他人を自分自身のように感じるということ。」（32字）とまとめればよい。この解釈が正しいことは，次の⑧で，密集の中ではすべてが同じ１つの体の中で起こっているかのように感じられると述べられていることからわかる。

問6　（空所補充問題 ➡ **解法 INDEX** ⑤ p.32）

◎　言い換えに注意しよう

解答プロセス

1　空所を含む文の意味をつかむ

　　空所を含む文の意味は，「これがおそらく，群衆が寄り集まろうとする理由のひとつだろう。群衆は，１人１人から，触れられるという恐怖感を，できるだけ完全に（　5　）したいと願っている」である。

2　前後の文脈を考える

　　空所（　5　）を含む文の後ろの「人々が激しく押し合えば押し合うほど，お互いは恐怖の対象でないという確信が高まる」が手がかり。密集の中では恐怖がなくなるわけだから，空所には，恐怖に対して否定的な作用を及ぼす動作が入るのではないかと予想できる。文法・構文的観点から言えば，空所（　5　）を含む文の後半に of the fear of being touched とあるのが手がかり。この of と関連するものは，選択肢の中では(c) rid しかない。rid A of B は「A から B を取り除く」の意で，ここでは each individual が A に，the fear ... が B に相当する。as completely as possible は「できるだけ完全に」の意で，挿入句として考えるとわかりやすい。

問7 （空所補充問題 ➡ 解法 INDEX ⑤ p.32）

🎯 言い換えに注意しよう

解答プロセス

1　空所を含む文の意味をつかむ

空所を含む文の意味は，「触れられる恐怖のこういった（　6　）は，群衆の本質にかかわっている」である。

2　前後の文脈を考える

このパラグラフ（¶5）のキーセンテンスである②の「人ごみは，恐怖がその反対のもの（＝安堵感）に変わる唯一の状況だ」，および，それを言い換えている最終文の「安堵感が最も顕著に表れるのは，群衆が最も密集しているところだ」という内容と，空所（　6　）を含む文の直前に書かれた「激しく押し合えば押し合うほど，お互いのことが怖くないと感じる確信が強まる」という内容が手がかり。密集の中では，触れられる恐怖が安堵感に変わるわけだから，空所には(d) reversal「反転」を入れて，「恐怖のこうした反転；恐怖がこのように逆転すること」とすると前後の文意が通る。要するに，¶5②の「恐怖がその反対のもの（＝安堵感）に変わる」を言い換えたのが，「触れられる恐怖のこういった反転」である。reversal は未知の語のように見えるかもしれないが，**既知の語である（はずの）reverse「反転する」より類推**してほしいところ。

パラグラフメモ

¶1	未知のものに触れる恐怖
¶2	この恐怖のなせるわざ —— 家の中への閉じこもり
¶3	この恐怖のなせるわざ —— 家の外での周囲のものとの関わり方
¶4	この恐怖が人間の根深い性向であることを示す証拠
¶5	密集はこの恐怖が安堵感に反転する唯一の状況

全訳

¶1　①未知のものに触れること以上に人が恐がることはない。②人は自分に近づいてくるものを見て，それを識別できること，少なくとも分類できることを望む。③人は常に，何か見知らぬものとの身体的接触を避ける傾向にある。④暗闇では，予期しない接触に対する恐怖はパニック状態にまで高まることもある。⑤衣服さえ，十分な安心を与えてくれはしない。衣服を引き裂き，犠牲者の裸の，なめらかな，無防備な肉体にまで刃を突き刺すことは容易だからである。

¶2　①人々が周囲のものとの間に作り出している距離はすべて，こうした恐怖によって決められて

いる。②人は、おそらく誰も入ってこない家の中に閉じこもり、そこでのみ、ある程度の安心感を覚える。③夜盗に対する恐怖は、物を奪われるという恐怖だけではなく、暗闇からとつぜん、不意につかまれることへの恐怖でもあるのである。

¶3 ①触れられることを嫌う気持ちは、人々の間を動き回るときにも依然として私たちのうちにあり、混雑した通りや、レストラン、列車、バスの中での動き方もこの嫌悪感によって支配されている。②私たちが人々のすぐ隣に立って相手を詳しく観察し調べることができる場合でさえ、できることなら、実際に体が触れることは避けるものである。③避けないとしたら、それは誰かに魅力を感じているからであり、その場合は、接近をはかっているのは私たちの方である。

¶4 ①うっかり体が触れたことに対して即座に謝罪の言葉が述べられること、その言葉を待つ間に緊張感があること、すぐに謝罪が行われない場合には激しい、時には身体的な反応をすること、相手が誰か確信がもてないときでさえ、わびようとしない人に対して反感や憎しみを抱くことなど —— 未知のものとの接触に対する、移ろいやすい極めて敏感な反応のすべて —— を見れば、私たちがここで扱っているのが人間に奥深く根ざした性向、すなわち、人間がひとたび個性の枠組みを確立してしまうと必ず人間につきまとうものであることが明らかになる。②はるかに無防備な状態にある睡眠時においてさえ、人は、触れられることによっていとも簡単に睡眠を妨げられるのである。

¶5 ①このような、触れられるという恐怖から逃れられるのは、人ごみの中だけである。②人ごみは、恐怖がその反対のものへと変わる唯一の状況である。③人が必要とする人ごみは、体と体とが押しつけられる密集した人ごみである。それはまた、自分に体を押しつけているのが誰なのかもはやわからなくなるほど密度の高い、ぎっしり詰まった物理的構成をもつ人ごみである。④人ごみに身をまかせるや否や、人は、人ごみがわが身に触れることを恐がらなくなる。⑤理想的な状態だと、そこではすべてが平等である。いかなる区別も、性別でさえも、そこでは重要ではない。⑥押している人は、押されている人と同じなのだ。⑦人は相手を、まるで自分を感じるように感じる。⑧とつぜん、まるですべてがひとつの同じ体の中で起こっているかのように思えてくる。⑨これがおそらく、群衆が寄り集まろうとする理由のひとつだろう。群衆は、1人1人から、触れられるという恐怖感を、できるだけ完全に取り除きたいと願っているのである。⑩人々が激しく押し合えば押し合うほど、お互いは恐怖の対象でないという確信が高まる。⑪触れられる恐怖のこういった裏返しは、群衆の本質にかかわっている。⑫安堵感が最も顕著に表れるのは、群衆が最も密集しているところなのである。

118

問題 16　数学による自然の隠れたパターンの解明

問題 p.40
見取図 p.30

解答

問1　雪片は小さな同じ形のものをつめこむことによってできたものだということの証拠。

問2　(ハ)

問3　ホームズが、証拠となる事実を手がかりに推論して、事の真相に迫るように、数学は、自然の中に現れたパターンを手がかりに、自然の基礎にある法則を推測するということ。(79字)

問4　was not as sensitive to such matters

問5　自然の規則性に関する新しい理解が、可能だと考えられていたよりもはるかに少ない燃料で人工衛星を新たな目的地まで進ませるのに応用されているということ。

　　　上記の下線部の別解：・機関車の車輪の摩耗を減らすのを助ける
　　　　　　　　　　　　・心臓のペースメーカーの効果を高める
　　　　　　　　　　　　・森林や魚場を管理する
　　　　　　　　　　　　・いっそう効率のよい皿洗い機を作る

問6　(a) (二)　　(b) (二)

本文読解のポイント

自然界のパターンとその具体例、表面に現れたパターンと奥に隠れた法則との関係を考えながら読めたかどうか。

設問の解き方

問1　（下線部内容説明問題 ➡ 解法 INDEX ③ p.21）

【着眼点】言い換えに注意しよう

解答プロセス

1　**下線部を含む文の意味をつかむ**

　下線部を含む文の意味は、「彼（ケプラー）の持ち出した主たる証拠は、雪片が六角形という対称形であることだった」である。

2 該当箇所を特定する

まず，問いが，「his main evidence とはどういうものか」ではなく，「his main evidence はどういうことの evidence なのか」であることに注意しよう。evidence とは，「あることが真実であると信じさせる証拠」の意だから，ケプラーの持ち出した証拠（＝雪片が六角形という対称形であること）はどういうことが正しいと信じさせるものなのか，と問われているわけである。

念のため，「彼は疲れている。その証拠に，彼の目は充血している」という事例を考えてみよう。充血した目は，<u>どういうこと</u>の証拠か。「どういうこと」に対する答は，「彼が疲れていること」であって，「充血した目」でないことは明らかだろう。

A：ある真実	B：証拠
どういうこと？	正六角形の雪片
疲労	目の充血

［BはAの証拠である／BはAが真実であることを示している］

では，ケプラーは「どういうこと」を真実として信じさせようとしたのか。3つ前の文（¶3⑤）に，he argued that snowflakes must be made by packing tiny identical units together「ケプラーは，雪片は小さな同じ形の単位をつめこむことによってできたものにちがいないと主張した」とあることより，ケプラーが信じさせようとしたのは，「雪片は小さな同じ形の単位をつめこむことによってできたものだということ」であることがわかる。packing tiny identical units together において，identical は「同じ；同じ形の」，units は「単位；単位となるもの」の意。

3 答のまとめ方に注意する

彼の持ち出した evidence は「どういうことの evidence か」という問いの形に呼応させて，「雪片は小さな同じ形の単位をつめこむことによってできたものだということの証拠。」と締めくくると答となる。

問2（語句パラフレーズ問題）

言い換えに注意しよう

解法 INDEX ⑬

語句パラフレーズ問題の解法
● 解答プロセス1：下線部を含む文の意味をつかむ

● 解答プロセス2：前後の文脈を考える
　　前後にある言い換え，対比，因果関係などの表現をヒントにする。

解答プロセス

1　下線部を含む文の意味をつかむ

　下線部を含む文の意味は，「トラの縞とハイエナの斑点は，生物学上の成長と形態に数学的な規則性があることをattestしている」である。

2　前後の文脈を考える

　attest to ... は「…を証明する」の意だが，この知識がなければ，文脈から意味を予想する努力をしよう。このパラグラフ（¶4）の他の部分で，S is a clue (are clues) to ...「Sは…を知るための手がかりである」という言い回しが3回（①，②，⑤），S tells us about ... and ... confirm 〜「Sは…について語り，〜を裏づけている」という表現が1回（④）使われていることより，S attest to ... も同趣旨の表現ではないかと類推して，(ハ)の「…の証拠である」を選べばよい。

問3　（下線部内容説明問題 ➡ **解法 INDEX** ③ p.21）

◎　**言い換えに注意しよう**

解答プロセス

1　下線部を含む文の意味をつかむ

　下線部の意味は「数学と自然の関係は，シャーロック・ホームズと証拠の関係のようなものである」である。A is to B as C is to D. は「AとBの関係は，CとDの関係に等しい」の意の基本的表現形式。

2　該当箇所を特定する

　数学と自然との関係については，前文（¶5②）の「自然の手がかりから始まり，自然の基礎にある法則や規則性を推論していく数学の物語」という部分に書かれている。すなわち，数学（＝「数学の物語」）は，自然（＝自然の中に現れた様々なパターン）を手がかりとして，根本にある法則や規則性を推論していくわけである。

　一方，ホームズと証拠との関係については，直後の文（¶5④）に書かれている。すなわち，a cigar butt「葉巻きの吸いさし」という「証拠」を見せられると，「それを吸っていた人の年齢，職業，ふところ具合」まで推理できたというのであるから，ホームズは「証拠」を手がかりとして，人物像を推察したことになる。

両者に共通するのは，表面に現れた手がかりをもとに，事の真相に迫るという事情である。

	数学	ホームズ
表層に表れた手がかり	the clues (= nature)	a cigar butt (= evidence)
↓	↓	↓
深層に隠された本質	the underlying rules and regularities	the age, profession, and financial state of its owner

3　答のまとめ方に注意する

以上より，「ホームズが，証拠となる事実を手がかりに推論して，事の真相に迫るように，数学は，自然の中に現れたパターンを手がかりに，自然の基礎にある法則を推測するということ。」(79字) とまとめると答となる。

問4　(語句整序問題)

解法 INDEX ⑭

語句整序問題の解法
- **解答プロセス1：前後の文脈を考慮に入れる**
  整序すべき部分を文法・構文的な観点から考えるのみならず，前後とのつながり (文脈) を考慮に入れる。
- **解答プロセス2：語句のつながりを見抜く**
  動詞に注目して文構造を決めたり，語法的観点からフレーズ (句) を確定したりする。

解答プロセス

1　前後の文脈を考慮に入れる

¶5の後半には，葉巻きの吸いさしから，吸っていた人の年齢，職業，ふところ具合を見事に推理していくホームズ (④) を，ワトソンが「面食らいながらも感嘆の眼差しで見守っている (look on in baffled admiration)」様子が描かれている (⑤) ことを押さえる。

2　語句のつながりを見抜く

まず動詞に注目しよう。述語動詞 was の次には補語が来ると考えられること，さらには，sensitive「敏感な」という形容詞の次には to「…に」という前置詞が来ることが多いことに着目して，was not sensitive to ...「…に敏感ではなかった」と

いうまとまりを作る。
　次に，such と as の使いどころを考えよう。such as と続けてしまうと，A such as B「BのようなA」という形になり，AもBも名詞であることが必要になるが，選択肢中に名詞は matters 1つしかなく，カッコの直前直後に目をやっても名詞はないので，such as とはできないことがわかる。そこで，such は such matters「このような問題」（＝吸い殻から年齢を推理するようなこと）として用い，残る as は，比較構文における指示副詞の as（as ... as 〜「〜と同じぐらい…」という表現の最初の as）と解して，as sensitive (as Sherlock Holmes)「シャーロック・ホームズと同じぐらい敏感な」という形を作ればよいことになる。
　(as ... as 〜「〜と同じぐらい…」という比較構文の2つ目の as 以下は，比較対象が文脈から明らかなときは省略されることがあるので注意しておこう。ex. The champion is strong, but the challenger is just as strong.「チャンピオンは強いが，挑戦者もまったく同じぐらい強い」→ p.31 コラム①参照
　最後に，整序部分を was not as sensitive to such matters とすると，前後のつながりが，「ワトソンはホームズほど，こうしたことに敏感ではなかったので，唖然として（in baffled admiration）ホームズの推理を聞くだけだった」となって意味が通ることを確認する。

問5　（下線部内容説明問題 ➡ **解法 INDEX** ③ p.21）

言い換えに注意しよう

解答プロセス

1　下線部を含む文の意味をつかむ

　下線部を含む文の意味は，「私たちはすでに，知的衝撃のみならず，実際面での衝撃も目の当たりにしている」である。

2　該当箇所を特定する

　「実際面での影響」（practical impact）というのはここで初めて出された話題であるから，それに関する説明が以下に続くことが予想できる。このような問題意識をもって下線部(5)の次の文を読むと，Our newfound understanding of nature's secret regularities is being used to ...「自然の秘められた規則性に関する私たちの新たに得られた理解が，…するために実用化されている」とあるのが目にとまり，practical impact は，自然の規則性に関する新しい理解が実用面に応用されるところに見られることがわかる。

3　答のまとめ方に注意する

したがって，is being used に続く5つの to 不定詞句，すなわち，to steer ...., to help ...., to improve ...., to manage ...., to make ... のうちのどれか1つをとりあげて，「自然の規則性に関する新しい理解が…するのに応用されているということ。」とまとめれば答となる。

問6　（リード付き内容一致問題）

本文中に同じ話題を見つけよう

解法 INDEX ⑮

リード付き内容一致問題の解法

● 解答プロセス1
　lead（＝問いの書き出しの部分）によって問いのテーマを知る。
● 解答プロセス2
　そのテーマについて述べている箇所を本文に見つける。
● 解答プロセス3
　両者の主張を比べて，真偽判定をする。「偽」とするのは，「本文の内容と矛盾するもの」，あるいは，「本文に記述がないもの」である。
● 解答プロセス4
　正解の選択肢を選ぶのが難しいときは，間違いの選択肢を消していく「消去法」を活用する。

ただし，問6(a)のように lead（問いの書き出しの部分）の情報量が少ない場合は，各選択肢からテーマを探り，それと同じテーマの箇所を本文に見つけることになる。

(a)　「筆者によると，自然のパターンは」
　(イ)　「トラの縞模様とはまったく関係がない」
　(ロ)　「複雑すぎて人間の精神では認識できない」
　(ハ)　「人間には感嘆するほかない」
　(ニ)　「自然の過程を支配する法則を理解する助けとなる」
　(ホ)　「対称的な物にのみ見られる」

　　(イ)の「トラの模様」について書いているのは¶2④。¶2は，¶1の「私たちはパターンの織りなす宇宙に住んでいる」ということの具体例を挙げているくだりであるから，「トラの模様」は「自然のパターン」の1例ということになる。よって(イ)は本文

の内容に一致しない。

㈹の「人間の精神」と「(自然のパターンの)認識」について書いているのは，¶３①。そこには，「人間の精神と文化は，様々なパターンを認識し，分類し，活用するための，形に関する思考体系を発展させてきた」とある。人間の精神は数学と呼ばれるパターン認識の体系を発達させてきたわけであるから，「自然のパターンは複雑すぎて人間の精神には認識できない」という主張は本文の内容に一致しない。

㈥の「感嘆」については，¶３③に言及があるが，そこには「自然の中の様々なパターンは，賞賛されるためにのみ存在するのではなく…」とある。よって㈥は本文の内容に一致しない。

㈡の「法則を理解する助け」ということについては，¶３③に「自然の中の様々なパターンは…自然の数々の過程を支配している法則を知るための非常に重要な手がかりである」とある。これに照らして，㈡は本文の内容に一致すると言える。

㈱の「対称的な物」については，¶３⑧に「ケプラーの主張の主たる根拠は，雪片が六角形という左右対称形であることだった」とあるが，「自然のパターンが見られるのは対称的な物だけ（only）」とはどこにも書かれていない。よって，㈱は本文の内容に一致しない。

(b) 「私たちがフラクタルやカオスといったパターンをはっきりと知るようになったのは」

㈪ 「観察と実験をしてきたからである」

㈹ 「自然がこうしたパターンを数十億年前に知っていたからである」

㈥ 「こうしたパターンを発見するのにしばらくかかったからである」

㈡ 「私たちが新しい数学理論を発達させてきたからである」

㈱ 「自然の密かな規則性がおのずと明らかになったからである」

㈪の「実験」に言及しているのは¶３⑦。しかし，そこでは，「ケプラーはまったく実験をしなかった」と言われているにすぎず，フラクタルやカオスというパターンの話とは無関係である。㈪の「観察」については本文にまったく言及がない。よって㈪は本文の内容に一致しない。

㈹の「数十億年前に知っていた」については，¶６④に「自然は何十億年も前から，こうしたパターン『について知っていた』」とあるが，そのことが理由となって，フラクタルやカオスといったパターンに気づくようになったとはどこにも書かれていない。よって，㈹は本文の内容に一致しない。

㈥の「発見にしばらくかかった」については，¶６⑤に「人類がそれを把握するまでには時間がかかった」とあるが，そのことが，フラクタルやカオスといったパター

ンに気づくようになった理由ではないから，(ハ)も本文の内容に一致しない。

(ニ)の「新しい数学理論の発達」について触れているのは，¶7①。そこには，「新しい数学理論が発達したおかげで，いっそう捕らえどころのないこうした自然のパターンがその秘密を明らかにし始めた」とある。these more elusive of nature's patterns「いっそう捕らえどころのないこうした自然のパターン」とは，文脈上，直前のパラグラフで話題になったフラクタルやカオスといったパターンのことである（**these** という承前語句に注意）から，「新しい数学理論の発達 → フラクタルやカオスといったパターンの明確な認識」という因果関係は正しいことになる。よって，(ニ)は本文の内容に一致すると言える。

(ホ)の「自然の密かな規則性」という話題は，¶7③に「自然の秘められた規則性に関する私たちの新たに得られた理解が様々なことに応用されつつある」という形で出てくるが，そうした規則性が「おのずと明らかになった」ことが理由でフラクタルなどのパターンに気づくようになったとはどこにも書かれていない。よって，(ホ)は本文の内容に一致しない。

パラグラフメモ

¶1	パターンからできている宇宙
¶2	パターンの実例
¶3	自然界のパターンは自然法則を知る手がかり
¶4	自然法則を知る手がかりとしてのパターンの実例
¶5	自然の手がかりから法則を推理する数学者
¶6	未だになされつつある自然界の新しいパターンの認識
¶7	新しい数学理論の発達の成果 —— 実用的成果と宇宙に関する深遠な理解

全訳

¶1 ①私たちはパターンの織りなす宇宙に住んでいる。

¶2 ①毎夜，星は，円を描きながら空を動いていく。②1年ごとに四季が循環する。③まったく同じ雪片は2つとないが，すべて左右対称の六角形をしている。④トラとシマウマの体一面には縞模様があり，ヒョウやハイエナは，まだら模様で覆われている。⑤波は複雑な連なりとなって海原を進み，同じように砂丘が次々と連なって砂漠を進む。⑥多彩な光のアーチが虹の形をとって空を飾り，冬の夜には時々，明るく丸いかさが月をとりまく。⑦球体をした水滴が雲から落ちてくる。

¶3 ①人間の精神と文化は，様々なパターンを認識し，分類し，活用するための，形に関する思考体系を発展させてきた。②私たちはその体系を数学と呼んでいる。③数学を用いてパターンに関す

る考えを組織化し，体系化することによって，私たちは偉大な秘密を発見してきた。自然の中の様々なパターンは，賞賛されるためにのみ存在するのではなく，自然の数々の過程を支配している法則を知るための非常に重要な手がかりなのである。④400年前に，ドイツの天文学者であるヨハネス・ケプラーは，後援者への新年の贈り物として，『六角形の雪片』という小冊子を著した。⑤その中でケプラーは，雪片は小さな同じ形のものをつめこむことによってできたものにちがいないと主張した。⑥これは，物質は原子からできているという説が一般に受け入れられるよりもずっと前のことだった。⑦ケプラーはまったく実験をしなかった。一般に知られていたことの断片をあれやこれやと集めて，懸命に思考を重ねただけだった。⑧ケプラーの主張の主たる根拠は，雪片が六角形という対称形であることだった。これは，ものを規則正しくつめこんだ結果として自然にできる形である。⑨たくさんの同じ形の硬貨をテーブルの上におき，できるだけ隙間なく詰め込むよう努めると，ハチの巣状の配列になる。どの硬貨も ── はしにある硬貨を除いて ── 他の6枚の硬貨に囲まれて，正六角形の形になるのである。

¶4 ①星が夜ごと規則正しく運動することもまた手がかりであるが，この場合は，地球が回転しているという事実を知る手がかりである。②波と砂丘は，水や砂や空気の流れを支配する法則を知る手がかりである。③トラの縞とハイエナの斑点は，生物学上の成長と形態に数学的な規則性があることを証明している。④虹は光の散乱について教えてくれ，雨粒が球体であることを間接的に裏づけている。⑤月のかさは，氷の結晶の形を知る手がかりである。

¶5 ①自然の中にある数々の手がかりには大いなる美がある。そして，私たちはみな，数学の訓練を受けていなくても，その美を認めることができる。②自然の手がかりから始まり，自然の基礎にある法則や規則性を推論していく数学の物語の中にもまた美があるが，それは，異なる種類の美であり，事物ではなくむしろ観念にかかわるものである。③数学と自然の関係は，シャーロック・ホームズと証拠の関係のようなものである。④葉巻きの吸いさしを見せられると，小説の中のこの偉大なる探偵は，吸っていた人の年齢，職業，ふところ具合を推理することができた。⑤相棒のワトソン博士は，こうした事柄にさほど敏感ではなかったので，面食らいながら感嘆の眼差しで見守るばかりで，そうこうするうち名探偵は非の打ち所のない一連の論理を明らかにするのだった。⑥数学者も，雪片が六角形をしているという証拠を示されると，氷の結晶における原子の幾何学を推理することができるのである。

¶6 ①私たちは今なお，新しい種類のパターンを認識できるようになりつつある。②現在ではフラクタルとカオスとして知られる2種類のパターンを，人類がはっきりと認識するようになったのは，ここ30年内のことにすぎない。③フラクタルとは，どんなに規模が小さくなっていっても自らの構造を反復する幾何学的な形である。カオスは，一種でたらめのように見えるものである。④自然は何十億年も前から，こうしたパターン「について知っていた」。というのも，雲はフラクタルであり，天気はカオスだからである。⑤ただ，人類がそれを把握するまでには時間がかかったのである。

¶7 ①新しい数学理論が発達したおかげで，いっそう捕らえどころのないこうした自然のパターンがその秘密を明らかにし始めた。②私たちはすでに，知的な影響のみならず，実際面での影響も目の当たりにしている。③自然の秘められた規則性に関する私たちの新たに得られた理解は，これまで可能だと考えられていたよりもはるかに少ない燃料で人工衛星を新たな目的地まで進ませ，機関車の車輪の摩耗を減らすのを助け，心臓ペースメーカーの効果を高め，森林や魚場を管理し，

さらには，いっそう効率のよい皿洗い機を作ることにまで応用されつつある。④ しかし，最も重要なことだが，その理解は，私たちが生きている宇宙とその中での人間の位置について，いっそう深遠な展望を与えてくれつつあるのである。

問題 17　国際言語になった英語

問題 p.44
見取図 p.34

解答

問1　ある言語がなぜ地球言語になるかは，その言語を話す人が誰なのかということの方に，いっそう大きな関わりがある。

問2　ある言語が国際語として成功を収めるのは，それを話す人が国際的に成功を収めているからであるということ。

問3　㈁

問4　㈤

問5　ある言語を維持し拡大させるには，強大な経済力をそなえた国を必要とするということ。

問6　国際的活動のこうした爆発的増加の中心にある言語は，いかなるものであれ，突如として，地球的規模の地位についただろう。

本文読解のポイント

　ある言語が国際言語になる理由が「AではなくBだ」という形式で対比的に述べられているのに注意を払って読めたかどうか。

設問の解き方

問1　（下線部和訳問題　➡ **解法 INDEX** ④ p.24）

◎　承前語句に注意しよう

◇ **It is much more to do with ...**「なぜある言語が地球規模の言語になるかは，…の方にはるかに大きな関わりがある」

* 前文の Why a language becomes a global language has little to do with the number of people who speak it. 「なぜある言語が地球規模の言語になるかは，それを話す人の数とはほとんど関係がない」に続いて，「それは，…にいっそう関係がある」と述べられるわけだから，It「それ」とは，前文の主語である Why a language becomes a global language という名詞節を指すことがわかる。a global language は「世界的規模で使われている言語；世界言語」の意。

* be to do with ... は，前文で使われている have to do with ... と同様，「…に関係がある」の意。関係がどの程度のものかを示すには，be あるいは have と to do

with の間に，much; something; a little; little; nothing などを入れる（順に「…と大いに関係がある；…と何らかの関係がある；…と少し関係がある；…とほとんど関係がない；…とまったく関係がない」の意）。
　＊本文の is much more to do with ... の more は，関係の程度を示す上記の much の比較級であり，この more を，その前の much「ずっと；はるかに」が強めている。
◇ **who those speakers are**「こうした話し手が誰なのか（ということ）」
　＊疑問詞 who「誰」によってまとめられた名詞節で，前置詞 with の目的語として働いている。those speakers とは前文の people who speak it を指す。

問2　（承前語句問題 ⇒ **解法 INDEX** ① p.12）

承前語句に注意しよう

解答プロセス

1　下線部を含む文の意味をつかむ

　下線部を含む文の意味は，「こうした点はわかりきったことのように思われるかもしれないが，これを最初にはっきり指摘しておかなければならない」である。

2　該当箇所を特定する

　下線部(b)の前に point という名詞が出てくるが，make a point「ある言い分（主張）を力説する」；make one's point「人の主張の正しいことをわからせる」という重要表現を知っているかどうかが第一関門となる。make a point を受動態にした形が a point is made「ある言い分が力説される」であるから，it needs to be made の it は，その前の This point を指すことがわかる。

　次に，This point「こうした言い分（主張）」の指示内容を求めて，さらに文脈を遡らなければならない。そこで，先立つパラグラフの主張の要点をまとめてみると，

　¶1「ある言語がなぜ地球言語になるかは，話す人が誰なのかということと大きな関わりがある」（①），¶2「言語が国際的な伝達手段として発展するには，強力な支持母体が必要である」（②），「話す人々が成功を収めたときに，その言語も成功する」（⑤）という具合になる。ここで共通して言われているのは，「（ある言語の地球言語化＝ある言語の国際的伝達手段としての発展＝）ある言語の国際的成功は，（言語を話す人＝強力な支持母体＝）国際的成功を収めた人々によってもたらされる」ということである。

3 答のまとめ方に注意する

以上より,「ある言語が国際語として成功を収めるのは,それを話す人が国際的に成功を収めているからであるということ。」とまとめると答となる。

問3 (空所補充問題 ➡ 解法 INDEX ⑤ p.32)

言い換えに注意しよう

解答プロセス

1 空所を含む文の意味をつかむ

空所を含む文の意味は,「たとえば,英語が今こんなにも広範に使われている(c)を説明するために,英語の構造には,本来的に美しい,あるいは論理的なところがあるにちがいないという示唆がなされることがしばしばある」である。

2 前後の文脈を考える

空所(c)と同じ¶3①の後半に, many popular and misleading beliefs have grown up about why a language should become internationally successful「ある言語が国際的な成功を収めるようになる理由に関して,誤解を招くような数多くの俗説が,このところ頭をもたげてきている」とあるのが手がかり。空所(c)を含む¶3④は,文脈上,「誤解を招く俗説」の例(for example というつなぎ言葉に注意)として読むべき部分であるから,空所に理由を表す why を入れると,「なぜ英語が現在,かくも広範囲で使われているのかを説明するために,英語の構造には,本来的に美しい,あるいは論理的なところがあるにちがいないという示唆がなされる」となって,文意が通る。

問4 (空所補充問題 ➡ 解法 INDEX ⑤ p.32)

言い換えに注意しよう

解答プロセス

1 空所を含む文の意味をつかむ

空所を含む文の前後の意味は,「なぜギリシア語は,2000年以上も昔に,中東において国際的な伝達手段となったのか。それは,プラトンやアリストテレスの知力のため(d)。答は,アレクサンダー大王の軍隊が用いた刀剣や槍にある」である。

2　前後の文脈を考える

　マクロの視点で,「ある言語が国際語になるのは, 1つの主要な理由による。すなわち, それを話す人々のもつ力 —— とりわけ軍事力である」(¶5①) というのが, 空所 (d) を含む¶5全体の要旨であることを押さえていれば, 特定言語の国際化は (プラトンやアリストテレスなどの文化人の) 知力ゆえ「ではない(Not)」と推論できるはず。

　ミクロの視点から解くこともできる。空所 (d) の直前の,「なぜ(**Why**)ギリシア語は, 2000年以上も昔に, 中東において国際的な伝達手段となったのか」という疑問文の答が, 空所 (d) を含む文の後ろの **the answer** lies in the swords and spears wielded by the armies of Alexander the Great に書かれていることは, the answer lies ... という表現から明らかである。そこには, armies「軍隊」という馴染みの語があるので, たとえ swords and spears の意味がわからなくても,「答は軍事力にある」という意味であるらしいことはわかるだろう。特定言語の国際化が軍事力ゆえである, ということは, プラトンやアリストテレスの知力ゆえ「ではない」ことになるから, 空所 (d) には否定語の Not を入れるのが正解。

問5　(承前語句問題 ➡ **解法 INDEX** ① p.12)

承前語句に注意しよう

解答プロセス

1　下線部を含む文の意味をつかむ

　下線部を含む文の意味は,「こうしたことはこれまで常に見られたものだ」である。this は前文の内容を「このこと」と指すときに用いられる指示代名詞で, the case は「実情」の意。

2　該当箇所を特定する

　this の指示内容を求めて, 前文に遡ると, it takes an economically powerful one to maintain and expand it とあるのが目に入る。これは, it takes □ to V ...「…するには□が必要だ」の意の定型構文である。

　ここには one や it といった代用表現が含まれているので, それが表す内容を捜し求めて, さらに前へ遡り, It may take a militarily powerful nation to establish a language「ある言語を国際語として確立するには, 強大な軍事力をもった国が必要ではあろう」を視野に収めると, one が nation の代わりをし, it が a language

3 答のまとめ方に注意する

　以上を踏まえて，it takes an economically powerful one to maintain and expand it という該当箇所を，「言語を維持し拡大させるには，強大な経済力をそなえた国を必要とするということ。」と締めくくれば答となる。

問6　（下線部和訳問題 ➡ **解法 INDEX** ④ p.24）

◇**Any language at the center of such an explosion of international activity**「国際的活動のこうした爆発的増加の中心にあるいかなる言語も」

＊文の主部をなす名詞句。

＊at the center of ...「…の中心にある」という形容詞は，Any language を後ろから修飾している。

＊an explosion とは「突然の大きな増加；爆発的な増加」のこと（ex. a population *explosion*「人口の爆発的増加」）。

＊such an explosion of international activity「このような国際的活動の爆発的増加」とは，前のパラグラフ（¶6）に書かれている「**地球規模の経済活動の発展**」（③），「**国際的**なマーケティングや広告活動の爆発的拡大」（④），「**世界的規模**の影響力をもつ新たな大衆娯楽産業の発展」（⑥）などを指している。

◇**would suddenly have found itself with a global status**「突如として，地球的規模の地位についただろう」

＊would have p.p.「…しただろう」は，過去の事柄に関する書き手の推量を述べる言い方。ex. Anybody with a spark of decency *would have offered* to help.「ほんの少しでも親切心のある人なら助けを申し出ただろう」

＊find itself with ... は「自らが…をもっているのに気づく → 気づいてみると…をもっている」の意。with ... は having「…をもっている」と同意。find oneself ... という類の表現では find に力点はないので，和訳では find の訳を表に出さず，「気づいてみると…である → …である」というようにした方が日本語として自然であることに注意。ex. When she woke up, she *found herself* in the hospital.「目が覚めると，彼女は病院にいた」

＊global は「地球的規模の」，status は「（社会的）地位；高い地位」の意。

パラグラフメモ

¶1	ある言語が国際語になるかどうかはそれを話す人々に依存
¶2	ある言語を話す人々の国際的成功 ── その言語の国際的成功
¶3	ある言語が国際語になるのは内在的特徴のためだとする誤解
¶4	ある言語が国際語になる理由についての誤解
¶5	ある言語が国際語になる理由 ── その言語を話す人々の軍事力
¶6	ある言語が国際語として拡大する条件 ── 強力な経済力
¶7	英米の経済的優位によって拡大した英語

全訳

¶1 ①ある言語がなぜ地球言語になるかは，その言語を話す人々の数とはほとんど関係がない。②これは，話す人が誰なのかということと，はるかに大きな関わりがある。③ラテン語は，ローマ帝国時代を通じて国際語になったが，これは，ローマ人の方が，彼らの征服した民族より数が多かったからではなかった。④ローマ人の方が強力だったというだけのことである。⑤後に，ローマの軍事力が衰えてからも，ラテン語は，別種の力 ── ローマ・カトリック教会の力 ── のおかげで，千年の間，教育の国際語であり続けた。

¶2 ①言語の優位と文化面での力との間には，密接な関連がある。②政治的なものであれ，軍事的，経済的なものであれ，強力な支持母体がなければ，いかなる言語も，国際的な伝達手段として発展することはできない。③言語は，話者から離れたある種の神秘的な空間に，独立して存在するようなものではない。④言語は，それを使う人々の大脳，口，耳，手，目の中にしか存在しない。⑤彼らが国際舞台で成功を収めたときに，その言語も成功を収め，⑥彼らが失敗すると，その言語も失敗に終わるのである。

¶3 ①こうした点はわかりきったことのように思われるかもしれないが，最初にはっきり指摘しておかなければならない。というのも，ある言語が国際的な成功を収めるようになる理由に関して，誤解を招くような数多くの俗説が，このところ頭をもたげてきているからである。②ある言語のもつ美的な特質，表現の明晰さ，文学的な力，宗教上の地位などを理由として，ある言語が完璧な模範だとする主張を耳にするのはごく普通のことである。③こうした観点から折に触れ誉められてきた言語に，ヘブライ語，ギリシア語，ラテン語，アラビア語，フランス語があるが，英語も例外ではない。④たとえば，英語が今こんなにも広範に使われている理由を説明するために，英語の構造には，本来的に美しい，あるいは論理的なところがあるにちがいないという示唆がなされることがしばしばある。⑤「英語には，他の言語と比べて文法事項が少ない。英語は，語尾変化が多くないし，名詞の男性・女性・中性の区別を覚える必要もないので，学ぶのがいっそうやさしいにちがいない」と示唆する人もいた。

¶4 ①こうした主張は間違っている。②ある言語が地球言語となるのは，その本来的な構造上の特性のためでもなければ，その語彙の多さのためでもなく，これまで偉大な文学の媒体であったからでも，かつて偉大な文化もしくは宗教と結びついていたからでもない。③もちろん，こうしたことはすべて，ある言語を習得する動機づけとなりうる要因ではあるが，そのうちのどれも，1つだ

けでは，あるいは，そのいくつかが合わさっても，ある言語が世界的に普及することを保証できるわけではない。④実際，こうした要因は，生きた言語としての存続を保証することさえできない。これは，ラテン語をみれば明らかである。ラテン語は，今日では，学問に従事する敬虔な少数の人々によって，古典語として学習されているにすぎない。⑤同様に，(たとえば厄介な綴字法のような)不便な構造上の特性も，ある言語が世界的な地位を確立することの妨げとはならないのである。

¶5 ①ある言語が国際語になるのは，1つの主要な理由による。すなわち，それを話す人々のもつ力──とりわけ軍事力のためである。②こうした説明は，歴史を通じて変わるところのないものである。③なぜギリシア語は，2000年以上も昔に，中東において国際的な伝達手段となったのか。④それは，プラトンやアリストテレスの知力のためではなかった。答は，アレクサンダー大王の軍隊が用いた刀剣や槍にある。

¶6 ①しかし，国際語としての優位は，軍事力の結果というだけではない。②ある言語を国際語として確立するには，強大な軍事力をもった国が必要ではあろうが，その言語を維持し拡大させるには，強大な経済力をそなえた国を必要とする。③こうした事情はこれまで常に見られたものだが，20世紀の初頭に，電信，電話，ラジオなどの新しい通信技術に支えられて，地球規模で経済が発展し始め，巨大な多国籍組織の出現を促進するに及んで，このことがとりわけ決定的な要因となった。④商工業の競争が激しくなることで，国際的なマーケティングや広告活動が爆発的に拡大した。⑤新聞の力はかつてない水準に達し，ほどなくこれは，電子機器の力で容易に国境を越えることができる放送媒体によって追い越されることになった。⑥技術は，映画やレコードという形をとって，世界的規模の影響力をもつ新たな大衆娯楽産業の発展を奨励した。

¶7 ①国際的活動のこうした爆発的増加の中心にある言語は，いかなるものであれ，突如として，地球的規模の地位についただろう。②そして英語は，ふさわしいときふさわしいところにあったのである。③19世紀の始めまでにイギリスは，世界の主導的な工業通商国になっていた。④19世紀の末には，(1億に近づいていた)アメリカの人口は，西ヨーロッパのどの国の人口よりも多く，その経済は，全世界で最も生産性が高く，最も成長の速いものだった。⑤イギリスの帝国主義は，19世紀の間，英語を世界中に送りつけていたので，英語は「日の没するところなき」言語となっていた。⑥20世紀の間は，世界中での英語のこうした君臨は，新たに超大国となったアメリカの経済的優位によって維持され，促進された。⑦そして，米ドルの背景にある言語は英語だったのである。

問題18　時の傷を癒す記憶と，時の傷を記録する写真撮影

問題 p.48
見取図 p.38

解答

問1　問題になっているのは「私たちの」死であって，単に彼らの死ではないということが，自分の写真を見るとき明らかになる。自分の写真を見るとある種の喪失感が呼び起こされるのは，その写真が，忘れるということのもつ統合化作用に反する働きをするからである。写真は，私たちの生活が実際にはいかに不連続的かを思い出させる，時の流れを凍結する静止画面である。連続的な自己が編み合わされるのは，忘却と選別する記憶とで緊密に織られた織物においてである。

問2　私たちが長い年月の間に全体的な安定した自己を織りなしていくときの忘却と記憶の過程を，写真は常に支援するわけではない。家族のアルバムは，現在の自分とその過去とを結びつける，癒す作用のある回想の流れを常に呼び覚ますわけではない。

問3　記憶と忘却によって現在と過去が編み合わされるが，こうした編み合わせは想像上のものである。というのも，自己は，自己が記憶にとどめておきたいと思うものから，たえず想像され，組み立てられ，捏造されるからである。

問4　記憶が，記憶にとどめておきたいと思うものから自己を作り上げることで，自己の連続性を形成するのに対し，写真撮影は，時を断片化して自己の不連続性を暴露し，自分に都合のよいものから自己を形成するという意識の欺瞞的な詐術を暴く。(110字)

本文読解のポイント

記憶・忘却と写真撮影の機能の違いをつかむことができたかどうか。

設問の解き方

　下線部だけを見ていてはイメージがわかないという場合は，まず本文全体を通読してみよう。この文章のように，先まで読み進むと筆者の言いたいことが見えてくるといったことは決してまれではない。本文の場合は，¶3⑥の the self is constantly imagined, constructed, invented out of what the self wishes to remember「自己は，自己が記憶にとどめておきたいと思うものから，たえず想像され，組み立てられ，捏造される」という部分が読解の突破口になるだろう。読みとるべき対比関係は，忘却および選別を行う記憶が体験の中から望み通りの自己を作り上げる（¶3⑥）ことで，自己の連続性を形成する（¶3①，②，⑥）のに対し，ありのままをとらえる写真は自己の不連続性を暴露する（¶2③，¶3③）というものである。

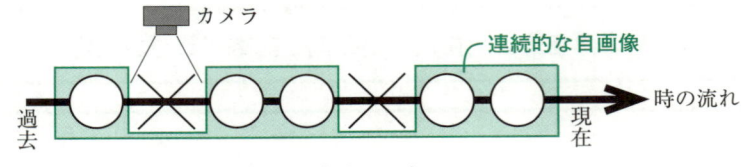

カメラ
連続的な自画像
過去　　　　　　　　　　　　　　　　現在　　時の流れ

○＝記憶にとどめておきたいこと
×＝忘れたいこと

　私たちは，自分にとって都合のよい○印の部分だけをつなぎ合わせて，「これが自分だ」と思っているが，この自画像は捏造されたもので，葬り去られた部分があることをありのままを記録した写真が教えてくれる。

問1　（下線部和訳問題 ➡ **解法 INDEX** ④ p.24）

言い換えに注意しよう

　下線部(1)には4つの文章が含まれているので，1文ずつ見ていこう。

第1文

解答プロセス

1　正確に構文をつかむ

◇ **That it is *our* death which is in question, and not just theirs, becomes apparent when we look at photographs of ourselves.**「問題になっているのは『私たちの』死であって，単に彼らの死ではないということが，自分の写真を見るとき明らかになる」

* 文頭の that は not just theirs までを名詞節にまとめる接続詞で，That it is ... becomes apparent「…ということが明らかになる」が文の骨格。

* apparent は動詞 appear「現われる；見える」から派生した形容詞で，be や become に続く「叙述用法」の場合には「明らかな」という意味になり（ex. It is apparent that SV …「SV…ということは明白だ」，S becomes apparent「Sが明白になる」），名詞にかかっていく「限定用法」の場合は「見かけ上の；一見…らしい」という意味になる（ex. her apparent kindness「彼女の見かけ上の親切さ；彼女が一見親切に見えること」）と覚えておくとよい。

* it is *our* death which is in question … は，it を前の名詞を指す代名詞と解すると意味をなさないことから，it is X which … という強調構文と解するのが正解。it is X that … という強調構文の that は，Xが〔物事〕のときは which に，Xが〔人〕のときは who になることがあるので注意しよう。

* be in question は「(ここで) 問題になっている」の意。
* 強調構文の「元の形」は，it is *our* death, and not just theirs which is in question で，is in question の主語に相当する *our* death, and not just theirs が強調されているわけだが，ここでは and not just theirs が後ろに移動していることに注意しよう。*our* death , and not just theirs は，A，and not B 「AであってBではない」という形であるから，強調構文の和訳は「問題になっているのは，『私たちの』死 であって，単に彼らの死 ではない」となる。
* when we look at photographs of ourselves は「自分自身の写真を見るとき」の意。可算名詞の a photograph 「(撮影された) 1枚の写真」と不可算名詞の photography 「写真を撮ること；写真撮影 (行為)」とを区別すること。a photograph は photography という行為の産物と理解しておこう。

2 未知の部分を文脈から類推する

* theirs 「彼らのもの」とは their death 「彼らの死」と同意。「彼ら」とは，¶1 で述べられた family album 「家族のアルバム」に写されている過去の人々を指すと考えられる。just は「単に」の意の副詞。
* *our* death の *our* がイタリック体になっているのは，theirs = their death 「彼らの死」との対比で，「私たちの」を強調するため。「『私たちの』死」とは，実際の死のことではなく，「私たちの中のあるものが失われた (＝亡くなった)」ということ。左ページ上のイラストで言うと，都合の悪い×印の部分が記憶から葬り去られていることを，「私たちの (ある部分の) 死」と言っているわけである。過去のありのままをとらえた写真はこうした「喪失感」を呼び覚ますことになる。

第2文

解答プロセス

1 正確に構文をつかむ

◇ **They awaken a sense of loss because they work against the integrative functions of forgetting.**「自分の写真を見るとある種の喪失感が呼び起こされるのは，その写真が，忘れるということのもつ統合化作用に反する働きをするからである」

* 冒頭の they は前文の photographs of ourselves を指す。
* awaken a sense of loss は「喪失感を呼び覚ます」の意。loss 「喪失」は lose 「失う」の名詞形。

* SV ... because ~ は「SV…なのは~だからである」の意。
* they work against ... は「それら（＝自分自身の写真）が…に反して働く；それらが…に反する働きをする」の意。
* integrative は，他動詞の integrate「統合する（まとめて1つにする）」の派生形容詞で，「（何かを）統合する性質のある；統合する作用をする」という意味（cf. -ive という形容詞語尾は「…する性質（機能；作用；傾向）をもつ」の意）。function は「機能；働き；作用」の意。the integrative functions of ... 全体では「…のもつ統合する働き；…の統合化作用」となる。
* forgetting は「忘れること；忘却」の意。

2 未知の部分を文脈から類推する

awaken a sense of loss「喪失感を呼び覚ます」について，何を失ったのかと言えば，¶3⑥の the self is constantly imagined, constructed, invented out of what the self wishes to remember「自己は，記憶にとどめておきたいと思うものから，たえず想像され，組み立てられ，捏造される」という部分を読めばわかるように，「思い出したくない過去の自分」を失ったのである。

第3文

解答プロセス
1 正確に構文をつかむ

◇ **Photographs are the freeze frames that remind us how discontinuous our lives actually are.**「写真は，私たちの生活が実際にはいかに不連続的かを思い出させる，時の流れを凍結する静止画面である」
* photographs は「（撮られた）写真」の意。
* the freeze frames は「（フィルムの）画面のコマ止め → 静止画面」の意。
* that remind us how discontinuous our lives actually are は the freeze frames を先行詞とする関係代名詞節で，「私たちの生活が実際にはいかに不連続的かを思い出させる」の意。

2 未知の部分を文脈から類推する

* the freeze frames「（フィルムの）画面のコマ止め → 静止画面」については，freeze が「凍結させる；静止させる」，frame が「（フィルムの）1コマ；画面」という意味であること，¶3④に Photography stops time and serves it back to us in separate fragments.「写真撮影は時を止め，時をばらばらの断片にして私たちに返す」と書かれていることを踏まえて，「時の流れを凍結する静止画像」というように説明的に訳してもよい。

* that remind us how discontinuous our lives actually are「私たちの生活が実際にはいかに不連続的かを思い出させる」を理解する際には，¶3 ③の ... photographs destroy the continuity that memory weaves out of experience「写真は記憶が経験から織りなす連続性を破壊する」を参照すること。

第4文

解答プロセス
1 正確に構文をつかむ

◇ **It is in a tight weave of forgetting and selective remembering that a continuous self is knitted together.**「連続的な自己が編み合わされるのは，忘却と選別する記憶とで緊密に織られた織物においてである」

* It is in ... that SV ~. は「SV ~なのは…においてである」の意の強調構文。
* a tight weave of ... は「…の緊密に織られた織物；…によって緊密に織られた織物」の意。a weave は「織物；織ったもの（weave「織る」という行為の産物）」，tight は「（織物の縦糸と横糸の）織り目の詰んだ（向こうが透けて見えない）→ 緊密に織られた」の意。
* forgetting and selective remembering は「忘却と選別する記憶」の意。remember ... は「…を頭の中にとどめておく；…を記憶しておく（その結果として，「…を思い出す」）」ということで，その逆が forget「忘れる（= 頭の中にとどめるということをしない）」である。selective という形容詞に修飾されていることより，ここでの remembering は名詞として使われていることがわかるのでこれには「記憶」という訳を当て，remembering と対句になっている forgetting には「忘却」という訳を当てるとよい。selective は「選別する性質をもつ；選別作用のある」の意。
* a continuous self is knitted together は「連続的な自己が編み合わされる」の意。knit ... together は「…を編む」の意 (cf. 編まれたセーターのことを「ニットのセーター」ということを思い出そう)。

2 未知の部分を文脈から類推する

a continuous self is knitted together「連続的な自己が編み合わされる」を理解するに当たっては，これと同趣旨の weave a whole and stable self「全体的な安定した自己を織りあげる」(¶3 ①)，binds together the present self and its past「現在の自己とその過去とを結びつける」(¶3 ②)，The knitting together of past and present「過去と現在との編み合わせ」(¶3 ⑥) といった表現を参照しよう。

問2 （下線部和訳問題 ➡ **解法 INDEX** ④ p.24）

下線部(2)には2つの文章が含まれているので、1文ずつ見ていこう。

第1文

解答プロセス

1　正確に構文をつかむ

◇ **Photographs do not always support the process of forgetting and remembering by which we weave a whole and stable self over time.**「私たちが長い年月の間に全体的な安定した自己を織りなしていくときの忘却と記憶の過程を、写真は常に支援するわけではない」

* not always support ... は「常に…を支援するとは限らない」の意。
* the process of forgetting and remembering は「忘却と記憶の過程」の意。forgetting and remembering については下線部(1)第4文の解説参照。
* by which we weave a whole and stable self over time は the process of forgetting and remembering を先行詞とする関係代名詞節。weave は「織る」という意味の他動詞で、その目的語が a whole and stable self「（1つの）全体的な安定した自己；安定した自己の全体」。over time は「長い年月の間に」の意の副詞句で、weave を修飾している。
* by which ... の訳出については、先行詞を関係詞 which に代入して、次のような「元の文」を考えてみよう。we weave a whole and stable self over time by the process of forgetting and remembering という文を訳してみると、「私たちは、長い年月の間に、忘却と記憶の過程によって（忘却と記憶の過程を経て）、全体的な安定した自己を織りなしていく」となる。ここから、「忘却と記憶の過程」を先行詞として取り出すと、「私たちが長い年月の間に全体的な安定した自己を織りなしていくときの忘却と記憶の過程」という訳が得られる。

2　未知の部分を文脈から類推する

not always support the process of forgetting and remembering「忘却と記憶の過程を常に支援するわけではない」を理解するにあたっては、下線部(1)の they work against the integrative functions of forgetting「写真は忘却のもつ統合化作用に反する働きをする」（¶2②），Photographs are the freeze frames that remind us how discontinuous our lives actually are「写真は、私たちの生活が実際にはいかに不連続的かを思い出させる、時の流れを凍結する静止画面である」（¶2③）を参照しよう。

第2文

解答プロセス
1 正確に構文をつかむ

◇**The family album does not always call up the stream of healing recollection that binds together the present self and its past.**「家族のアルバムは，現在の自己とその過去とを結びつける，癒す作用のある回想の流れを常に呼び覚ますわけではない」

* the family album は「家族の[写真]アルバム」の意。
* does not always call up ... は「…を常に呼び起こすわけではない」の意。
* stream は「流れ」で，前文の process「(進行→)過程」に対応する。recollection「回想；思い出すこと」は recollect「回想する；(努力して)思い出す」の名詞形で，前文の remembering「記憶にとどめておくこと（→その結果として，思い出すこと）」に対応する。healing は現在分詞の形容詞用法で，「癒す；癒す作用のある」の意で，下線部(1)④の selective「選別を行う」に対応する。the stream of healing recollection 全体では「癒す作用のある回想の流れ」となる。
* that binds together the present self and its past は，the stream of healing recollection を先行詞とする関係代名詞節。bind together A and B は「AとBを結びつける」の意。the present self は「現在の自己」，its past は「その（＝現在の自己にとっての）過去」の意。現在の自己とその過去とを結びつけて，a whole and stable self「全体的な安定した自己」(¶3①) を作り上げるわけである。

2 未知の部分を文脈から類推する

　healing recollection「癒す作用のある回想の流れ」で，なぜ healing という形容語がついているかについて付け加えておくと，「自己は記憶にとどめておきたいと思うものから作りだされる」(¶3⑥) わけだが，記憶にとどめておきたいと思う都合のよいことだけを思い出すとは，嫌なことを忘れるということだから，この回想には癒し効果があることになるのである。

問3　（下線部和訳問題 ➡ **解法 INDEX** ④ p.24）

解答プロセス
1 正確に構文をつかむ

◇**The knitting together of past and present that memory and**

forgetting achieve is mythological, because the self is constantly imagined, constructed, invented out of what the self wishes to remember.「記憶と忘却によって過去と現在が編み合わされるが，こうした編み合わせは想像上のものである。というのも，自己は，自己が記憶にとどめておきたいと思うものから，たえず想像され，組み立てられ，捏造されるからである」

* まず，The knitting together of past and present that memory and forgetting achieve が主部，is mythological が述部であることを押さえる。
* The knitting together of past and present「過去と現在の編み合わせ」は，knit together past and present「過去と現在を編み合わせる」を名詞化した，いわゆる名詞構文。
* that memory and forgetting achieve「記憶と忘却が達成する」は The knitting together of past and present を先行詞とする関係代名詞節。
* 主部の The knitting together of past and present that memory and forgetting achieve を逐語訳すると，「記憶と忘却が達成する，過去と現在の編み合わせ」となるが，これではわかりにくいので，関係代名詞化される前の「元の形」，すなわち，memory and forgetting achieve the knitting together of past and present を考えてみよう。この文を訳すと，「記憶と忘却は過去と現在との編み合わせを達成する → 記憶と忘却によって，過去と現在が編み合わされる」となる。主部をこのように「文」の形でいったん訳してから，「こういう編み合わせは想像上のものである」と締めくくるとわかりやすくなる。
* mythological は「想像上の；架空の」という意味。
* because the self is constantly imagined, constructed, invented は「自己はたえず想像され，組み立てられ，捏造されるからである」の意。参考までに付け加えると，ここで言われていることは，retrospective falsification「懐古的偽造（捏造）→ 過去を振り返って偽造すること →事実を後から振り返って作り変えること」として知られているものである。
* out of what the self wishes to remember は「自己が記憶にとどめておきたい（思い出したい）と思うものから」の意。remember は「記憶にとどめておく；（その結果として必要に応じて）思い出す」という意味をもつ言葉であるから，ここでは「記憶にとどめておきたいと思う」「思い出したいと思う」のいずれも許容解になる。

2 未知の部分を文脈から類推する

mythological「想像上の；架空の」の意味は，下線部(3)の直前の文の Memory integrates the visual within a weave of myth.「記憶は，作り話の織物の中で，目に見えるものを統合する」に書かれている myth「作り話；架空の話」より類推できる。また，下線部(3)の because 以下に現れる imagine「想像する」や invent「(ありもしないことを)捏造する；でっちあげる」という表現からも類推可能である。

問4 （下線部のない内容説明問題 ➡ **解法 INDEX** ⑫ p.112）

解答プロセス
1 問いのテーマを確認する

問いのテーマは「memory と photography の違い」である。

2 該当箇所を特定する

本文全体を通じて，(A) memory と (B) photography についての記述を以下のような対照表の形にまとめていく。対照表を作るときは，(A)の記述と(B)の記述とを対応させるのがポイントである。

(A) 忘却・選別する記憶 (▽)	(B) 写真 [撮影] (△)
・forgetting「忘却」(¶2②, ④) ・selective remembering「選別する記憶」(¶2④) ・healing recollection「癒してくれる想起」(¶3②) ・memory「記憶」(¶3⑤)	・photograph「撮られた写真」(¶2①, ¶2③, ¶3①, ¶3⑦) ・photography「写真撮影」(¶3④, ¶3⑪)
自己を統合する ・integrative function「統合する働き」(¶2②) ・integrate「統合する」(¶3⑤)	自己の喪失感を目覚めさせる ・awaken a sense of loss「喪失感を目覚めさせる」(¶2②)
連続的な自己を形成する ・a continuous self is knitted together「連続的な自己が編み合わされる」(¶2④) ・weave a whole and stable self「全体的な安定した自己を織りあげる」(¶3①)	自己の不連続性を暴露する ・remind us how discontinuous our lives actually are「私たちの人生が実際はいかに非連続的かを思い出させる」(¶2③) ・destroy the continuity that memory weaves「記憶が織りなす連続性を破壊する」(¶3③)

現在の自己と過去の自己を結合する	時間を止めて断片化する
・binds together the present self and its past「現在の自己とその過去とを結びつける」(¶3②) ・The knitting together of past and present「過去と現在との編み合わせ」(¶3⑥)	・freeze frames「時を凍結する静止画像」(¶2③) ・stops time and serves it back to us in separate fragments「時を止めて，それをバラバラの断片にして返す」(¶3④)
望み通りの自己を形成する	意識の自己欺瞞的な詐術を暴露する
・the self is ... invented out of what the self wishes to remember「自己は，自己が記憶にとどめておきたいと思うものから捏造される」(¶3⑥)	・causing our ... suspicion about the self-deceiving tricks of our consciousness「私たちの意識は自己欺瞞的な詐術を使っているのではないかという私たちの疑いを引き起こす」(¶3⑨)
時の傷を癒す	時の傷を記録する
・heals the scars of time「時の傷を癒す」(¶3⑩)	・documents the wounds「時の傷を記録する」(¶3⑪)

¶3 ⑨ の causing our characteristic modern suspicion about the self-deceiving tricks of our consciousness「私たちの意識は自己欺瞞的な詐術を弄しているのではないかという現代人特有の疑いを引き起こす」について解説をしておこう。the self-deceiving tricks of our consciousness は「私たちの（意識の→）意識が弄する自己欺瞞的な詐術（策略）」とは，自己が記憶にとどめておきたいと思うものから自己を作りあげる行為を指している。これは retrospective falsification「懐古的偽造（捏造）」とも言われる（問3の解説参照）。suspicion about ... は「…に関する嫌疑 → …ではないかという疑い」の意である。cf. a suspicion of cancer「癌ではないかという疑い」

3　答のまとめ方に注意する

　以上の整理をしたうえで，「memory と photography の違いについて，本文に即して110字以内の日本語で述べなさい」という問いの形に合わせて，「記憶が，記憶にとどめておきたいと思うものから自己を作り上げることで，自己の連続性を形成するのに対し，写真撮影は，時を断片化して自己の不連続性を暴露し，自分に都合のよいものから自己を形成するという意識の欺瞞的な詐術を暴く。」(110字) と制限字数内でまとめる。

パラグラフメモ

¶1	写真 —— 過去の記録
¶2	写真 —— 生の不連続性を思い出させる 忘却と選別する記憶 —— 連続的な自己を形成
¶3	写真撮影 —— 記憶が経験から織りなす連続性を破壊する 記憶 —— 記憶にとどめておきたいと思うものから自己を捏造する

全訳

¶1 ①家族のアルバムの中では，私の祖父は，ほとんど実物のようで，ほとんど今にも話しかけそうに見える。②しかし，祖父の着ている衣服，すなわちフロックコートは，祖父が時間的に遥かに隔たった歴史的存在であることを示している。

¶2 ①問題になっているのは「私たちの」死であって，単に彼らの死ではないということが，自分の写真を見るとき明らかになる。②自分の写真を見るとある種の喪失感が呼び起こされるのは，その写真が，忘れるということのもつ統合化作用に反する働きをするからである。③写真は，私たちの生活が実際にはいかに不連続的かを思い出させる，時の流れを凍結する静止画面である。④連続的な自己が編み合わされるのは，忘却と選別する記憶とで緊密に織られた織物においてである。⑤人生の終わり近くなって，ロラン・バルトは，忘却によって可能になる希望 —— および生への情熱 —— についてこう語った。⑥「生きていくためには，自分の肉体には歴史があるということを忘れなければならない。⑦今，目の前にいて私の話を聴いているこうした若い肉体たちと私は同年輩であり，過去の重荷を背負った自分自身の肉体と同年輩ではないという幻想に，私は身を投じなければならない。⑧言い換えれば，私は時々，生まれ変わる必要があり，自分を実際よりも若くしなければならない。⑨私は，あらゆる生きている命の力 —— つまり忘却によって，自分が押し流されるがままにしているのである」

¶3 ①私たちが長い年月の間に全体的な安定した自己を織りなしていくときの忘却と記憶の過程を，写真は常に支援するわけではない。②家族のアルバムは，現在の自己とその過去とを結びつける，癒す作用のある回想の流れを常に呼び覚ますわけではない。③しばしば写真は，記憶が経験から織りなす連続性を破壊する。④写真撮影は時を止め，時をばらばらの断片にして私たちに返す。⑤記憶は，作り話の織物の中で，目に見えるものを統合する。⑥記憶と忘却によって過去と現在が編み合わされるが，こうした編み合わせは想像上のものである。というのも，自己は，自己が記憶にとどめておきたいと思うものから，たえず想像され，組み立てられ，捏造されるからである。⑦写真は自己に対して，あまりにも明るく照らされた鏡のように作用する。⑧4歳か5歳の頃の自分の写真を見て，自分がまだ，カメラを覗き込んでいるこの優しい自分であると感じることができるかどうか正直に答えてみてほしい。⑨私たちの忘却の記録としてカメラは，私たちの意識は自己欺瞞的な詐術を弄しているのではないかという現代人特有の疑いを引き起こすのに一役買っている。⑩記憶は時の傷跡を癒し，⑪写真撮影は傷を記録するのである。

問題 19　発言の趣旨がわかることと文字通りの意味を知ることとの違い

問題 p.50
見取図 p.40

解答

問1　発言者，発言内容，発言の相手，発言の場所という変わりうる要素。

問2　趣旨を理解することの方が，文字通りの意味を知ることよりたやすいことがたまにある。

問3　詩のすべてを，眠気を催させるようなあらゆる定型的な言葉によって促進される生暖かい，感傷的な，漠然とした感情とみなすような，詩に対する接し方を歓迎する詩人などひとりもいないだろうが，まっさきに文字通りの意味を知ろうと願うあまり，詩に必要な，受容性に富んだ注意深さがだいなしになってしまうような読者に見られる正反対の誤りからも，詩人はなんら利益を得ない。

問4　言葉における指示的な意味をすべて引き出すことより，わかることの方がたやすいということが時としてあるとすれば，それよりわかることの方が難しいということもしばしばある。

問5　フランスではかつて戦争へ行って負傷した人には座席を譲ることになっていること。

本文読解のポイント

発言の意図がわかることと，文字通りの意味を知ることとの違いを，それぞれの具体例をヒントにして，つかめたかどうか。

設問の解き方

問1　（下線部内容説明問題 ➡ **解法 INDEX** ③ p.21）

> 🎯 **言い換えに注意しよう**

解答プロセス

1　下線部を含む文の意味をつかむ

下線部を含む文の意味は，「常に誰かがどこかで誰かに何かを言っているが，こうした変化する要素のどれも無視できない。というのも，そのすべてが，言われることを理解することに影響を与えるからである」である。variable は，vari（= vary「変化する」）と able「できる」との合成語であることからわかるように，「変化しうる」という意味の形容詞であり，これが名詞として使われると a variable「（状況によって）変わりうるもの；変化する要素；変数；変項」という意味になる。

2 該当箇所を特定する

these variables「こうした変化する要素」の指示内容を求めて前に目をやると，同じ文の中に someone who says something to someone somewhere「どこかで誰かに何かを言う誰か」とあるのが見つかる。ここでの someone は「発言者」，something は「発言内容」，someone は「発言する相手」，somewhere は「発言の場所」であることを押さえよう。これらを変数 x とすると，x が様々な値を取るわけである。

3 答のまとめ方に注意する

「these variables の内容を具体的に説明しなさい」という問いの形に合わせて，「発言者，発言内容，発言の相手，発言の場所という変わりうる要素。」と締めくくると答となる。

問2 （下線部和訳問題 ➡ 解法 INDEX ④ p.24）

◎ 言い換えに注意しよう

解答プロセス

1 正確に構文をつかむ

◇ **Understanding is occasionally less than arriving at a meaning.**

* これを逐語訳すると，「わかることは，意味に到達することを下回ることがたまにある」となるが，これでは何のことやらわかりにくくて，「わかりやすく和訳しなさい」という設問の要求に応えていない。不等式を用いて表せば A ＜ B となるこの「謎めいた表現」を，文脈上のヒントから，「できるだけ自然な日本語」にするのがポイント。

* understanding「わかること」とは，¶ 2 ①に 'understanding', the ultimate purpose of communication「意思疎通の最終目的である『わかること』」（'understanding' と the ultimate purpose of communication とは同格関係にあることに注意）と書かれていることからすると，「発言の趣旨（意図）がわかること」である。

* 一方，arriving at a meaning は「意味へ到達すること → 意味を知ること」である。

* occasionally は sometimes よりやや頻度が低く，「たまに」の意。

頻度を示す副詞（10回中の頻度を表す）

10回	always「常に」
9回	almost always「ほとんど常に」
8回	usually ≒ generally「たいてい」
6回	frequently「頻繁に」≒ often「しばしば」
4, 5回	sometimes「時々」
3回	occasionally「たまに」
2回	seldom ≒ rarely「めったに…ない」
1回	hardly ever ≒ almost never「ほぼまったく…ない」
0回	never「一度も…ない；まったく…ない」

2　未知の部分を文脈から類推する

　Understanding is occasionally less than arriving at a meaning.「わかることは，意味に到達することを下回ることがたまにある」とはどういう意味かを文脈から予想する努力をしよう。

　手がかりは具体例にある。一般的な主張を具体例でわかりやすく「言い換える」ということがよくなされることを忘れないようにしよう。

　1つ目のヒントは下線部(2)の直後の¶2③に書かれている具体例である。そこには，Children may be said to 'understand' the nursery rhyme 'Hey Diddle Diddle' if they recognize the normal words in it and enjoy hearing and chanting it, though they could hardly be said to 'know what it means' in a full referential sense.「子どもが『ヘイ・ディドル・ディドル』という〔マザー・グース〕童謡の中に，普通に使われる言葉を認め，その童謡を聞いて歌うのを楽しむならば，指示的な（辞書的な）意味の全体においてそれが『何を意味しているかを知っている』とはほとんど言えなくても，その子はその童謡が『わかっている』と言ってよいだろう」と書かれている。下線部(2)の understanding が直後の文の 'understand' に対応するとすれば，下線部(2)の arriving at a meaning が直後の文の 'know what it means' in a full referential sense に対応することは容易に見てとれるだろう。筆者は a referential sense「指示的な意味」を下線部(3)では literal meaning「文字通りの（字義通りの）意味」と言い換えていることにも注意しよう。

　もう1つの，もっとわかりやすいヒントは第3パラグラフにある。

　下線部(2)の Understanding is occasionally less than arriving at a meaning. を言い換えたのが，¶3①の understanding is sometimes less than a full extraction of referential meaning in words「言葉における指示的な意味をすべて引き出すことより，わかることの方がたやすいということが時としてある」に他

ならない。そしてこの具体例として，相手の言う「戦争負傷兵だ」という表現の指示的な（辞書的な）意味，すなわち，文字通りの意味を知ることはできたが，相手の言おうとすること（座席を譲ってほしいということ）がわからなかったというエピソードが紹介されていることに注意しよう。¶1の具体例が表していることを理解するためには，よりわかりやすい¶2の例を先に考えてから，その逆をイメージするとよい。すなわち，「童謡の中に出てくる1つ1つの言葉の文字通りの意味がわかるわけではないが，童謡が全体として伝えようとしていることはわかる」というように考えるとよいだろう。

〔一般論 → 具体例〕の言い換え関係に注意しよう

	understanding	arrival at a meaning
	「発言の趣旨」がわかること	「文字通りの意味」を知ること
		・what it means in a full referential sense「指示的な意味全体においてそれが意味していること」 ・literal meaning「文字通りの意味」 ・referential meaning「指示的な意味」
童謡	童謡全体が言おうとすること	歌詞それぞれの指示的な意味
フランス人男性の発言	「私に座席を譲ってください」	「私は戦争負傷兵です」

3 できるだけ自然な日本語を心がける

以上の確認を経て，Understanding is occasionally less than arriving at a meaning. は，「趣旨を理解することの方が，文字通りの意味を知ることよりたやすいことがたまにある」，「文字通りの意味を知ることはなくても，趣旨はわかるということがたまにある」といった訳にすればよい。

問3（下線部和訳問題 ➡ **解法 INDEX** ④ p.24）

🎯 言い換えに注意しよう

解答プロセス

1 正確に構文をつかむ

◇ **No poet would welcome an approach to poetry which sees it all as a warm, sentimental, indefinite feeling promoted by all soporific word-patterns,**「詩のすべてを，眠気を催させるようなあらゆる定型的な言葉によって促進される生暖かい，感傷的な，漠然とした感情とみなすような，詩に

対する接し方を歓迎する詩人などひとりもいないだろう」
  * No poet would ... は「どんな詩人も…しないだろう；…する詩人はいないだろう」の意。No ［名詞］V ... は「いかなる（どんな）［名詞］もVしない；Vする［名詞］はない」と訳すのが通例。would は仮定法の婉曲表現で「…だろう」と訳す。
  * welcome ... は「…を歓迎する；喜んで受け入れる（認める）」の意。
  * an approach to poetry は「詩に対する取り組み方（接し方）」の意。
  * which sees it all as ... は「それ（＝詩）のすべてを…とみなす」の意。which の先行詞は poetry ではなく，an approach to poetry という名詞句全体であることに注意しよう。see (= regard) O as C は「O を C とみなす」の意。it は前の poetry を指し，all「全部；すべて」は it と同格関係に置かれた名詞で，「詩全部；詩のすべて」といった訳になる。
  * a warm, sentimental, indefinite feeling は「生暖かい，感傷的な，漠然とした感情」の意。
  * promoted by all soporific word-patterns は「眠気を催させるあらゆる定型的な言葉によって促進される」の意で，前の a warm, sentimental, indefinite feeling を後ろから修飾する形容詞句。定型詩に見られる word-patterns「言葉の定型；定型的な言葉」が soporific「眠気を催させる」と言われているのは，それが心地よいリズムをもっているため。

◇ **but neither does a poet profit from an opposite fault in readers so anxious to get at literal meaning first that the receptive alertness required for poetry is destroyed.**「が，まっさきに文字通りの意味を知ろうと願うあまり，詩に必要な，受容性に富んだ注意深さがだいなしになってしまうような読者に見られる正反対の誤りからも，詩人はなんら利益を得ない」
  * but neither does a poet V ... は「しかし詩人はまた…しない」の意。否定文の後で用いられる neither「また…もない」という副詞の直後では倒置が起こる。ここでは does a poet V ... となっていることに注意。
  * profit from ... は「…から利益を得る」の意。
  * an opposite fault in ... 「…に見られる正反対の誤り」の意。in ... は「…における」が逐語訳だが，in の後ろには readers「読者」が来ることより，「…に見られる」と訳すのがわかりやすい。
  * so anxious 以下は readers を後ろから修飾する形容詞句で，その直前には who are の省略があると考えてよい。be anxious to ... は「（しきりに）…し

たがっている」の意。この anxious に so がついて，後ろの that SV ～と相関し，いわゆる so ... that ～構文を作っていることに注意しよう。so ... that ～の訳出については，「～するほど，…したがる読者」と訳し上げてもよいし，「しきりに…したがるので～するような読者」と訳し下げてもよい。

* get at literal meaning first は「まっさきに文字通りの意味を知る」の意。get at ... は「…に達する → …を知る」，literal meaning は「文字通りの意味」の意。

* the receptive alertness ... is destroyed「受容性に富んだ注意深さが…だいなしにされる」の意。receptive「受容性に富んだ；受容力のある」は，receive「受け取る；受け入れる」から派生した形容詞であること，-ive という形容詞語尾は「…する性質（機能；作用；傾向）をもつ」という意味であることから類推することができる。ex. Unlike simple recording equipment, human perception is brilliantly selective: you can ignore almost anything you want to, but the sound of someone speaking your name will cut through a forest of other sounds.「単純な録音装置とは異なり，人間の知覚には，見事なまでに対象を選択する力がある。無視したい音は好きなだけ無視することができるが，自分の名前を誰かが口にしている音は，周りの多くの物音の間を縫って聞こえてくるのである」(90年前期・京大)　alertness は形容詞 alert「いつも警戒している → 注意深い」の名詞形で，「注意深さ」の意。receptive alertness とは，いろんなものを受け取ろうと注意深くしている様子を言っている。

* required for poetry「詩［の鑑賞］に要求される」は，後ろから the receptive alertness を修飾している形容詞句。

2　未知の部分を文脈から類推する

　get at literal meaning「文字通りの意味を知る」の意味は，arrival at a meaning「意味を知ること」(¶2①)，arriving at a meaning「意味を知ること」(¶2②)，'know what it means' in a full referential sense「指示的な意味全体で何を意味しているかを知る」(¶2③)，a full extraction of referential meaning in words「言葉の指示的な意味を全部引き出すこと」(¶3①) といった文中の言い換え表現から類推しよう。

3　できるだけ自然な日本語を心がける

　以上の確認を経て，「詩のすべてを，眠気を催させるあらゆる定型的な言葉によって促進される生暖かい，感傷的な，漠然とした感情とみなすような，詩に対する接

し方を歓迎する詩人などひとりもいないだろうが，まっさきに文字通りの意味を知ろうと願うあまり，詩に必要な，受容性に富んだ注意深さがだいなしになってしまうような読者に見られる正反対の誤りからも，詩人はなんら利益を得ない。」とまとめる。

問4 （下線部和訳問題 ➡ 解法 INDEX ④ p.24）

言い換えに注意しよう

解答プロセス
1　正確に構文をつかむ

◇ **If understanding is sometimes less than a full extraction of referential meaning in words, it is also frequently more.**

* このif ... は「…であるのなら；…だというのなら」という「認容」の用法。
* 問2の解説で触れたように，understanding is sometimes less than a full extraction of referential meaning in words は ¶2 ②（下線部(2)）の Understanding is occasionally less than arriving at a meaning. を言い換えたもの。筆者はここで，前のパラグラフで述べた Understanding is occasionally less than arriving at a meaning. という主張を再確認しているわけである。論文では，前のパラグラフで述べた内容を次のパラグラフの始めで確認してから，新しい情報の提供に入るという流れがよくあることを知っておくとよい。
* a full extraction of referential meaning in words は，fully extract referential meaning in words を名詞化した，いわゆる名詞構文で，「言葉の指示的な意味を全部引き出すこと」の意。
* understanding is sometimes less than a full extraction of referential meaning in words は，「言葉における指示的な意味をすべて引き出すことより，わかることの方がたやすいということが時としてある」という訳になる。
* sometimes はこの文脈では，下線部(2)の occasionally の実質上の言い換え語とみなしてよい。
* 主節の it is also frequently more の省略を補うと，it is also frequently more than a full extraction of referential meaning in words となる。it は前の understanding を指している。A is more than B は，A is less than B の逆であるから，逐語訳すると，「Aの方がBを上回る」となるが，この「謎めいた表現」もわかりやすく訳す必要がある。

2 未知の部分を文脈から類推する

　　it (= understanding) is also frequently more than a full extraction of referential meaning in words「わかることは，言葉の指示的な意味を全部引き出すことを上回ることがしばしばある」は，understanding is sometimes less than a full extraction of referential meaning in words「言葉における指示的な意味をすべて引き出すことより，わかることの方がたやすいということが時としてある」の逆であることに注意して，「言葉における指示的な意味をすべて引き出すことより，わかることの方が難しいということも時としてある」，「言葉の文字通りの意味を全部引き出すことはできても，理解できないということも頻繁にある」となる。これは，問2の解説でも指摘したように，¶3②から④で述べられている筆者のバスの中での経験談，すなわち，「『負傷兵です』という言葉の文字通りの意味を知ることはできたが，それで相手が何を言おうとしているのかがわからなかった」という具体例から容易に予想することができる。

3 できるだけ自然な日本語を心がける

　　以上の確認を経て，「言葉における指示的な意味をすべて引き出すことより，わかることの方がたやすいということが時としてあるとすれば，それよりわかることの方が難しいということもしばしばある。」と全体をまとめる。

問5　(下線部内容説明問題　➡ 解法 INDEX ③ p.21)

🎯 言い換えに注意しよう

解答プロセス

1 下線部を含む文の意味をつかむ

　　下線部を含む文の意味は，「私には状況がわからなかったのであり，彼が負傷兵のバッジをつけていたり，優先座席の表示がしてあったりしたとしても，その次に期待されることがわからなかった」である。

2 該当箇所を特定する

　　通例「状況」という訳をあてる situation とは「自分が置かれている状態；事態」のことであるから，「そうした状態（事態）」が指す内容を求めて前に目をやると，前文に「私は彼の言う言葉の意味は理解したものの，彼がかなり奇妙なやり方で会話をしていると思い，フランスではかつて戦争へ行って負傷した人には座席を譲ることになっている場合があるということがわからなかった」とあるのが見つかる。

154

> **3** 答のまとめ方に注意する

ここから，「the situation の内容を具体的に説明しなさい」という問いの形に合わせて，「フランスではかつて戦争へ行って負傷した人には座席を譲ることになっていること。」と締めくくると答となる。

パラグラフメモ

¶1	伝達の基本要素 ── 言われることの理解に影響
¶2	文字通りの意味を知ることよりも，わかることの方がたやすい場合
¶3	文字通りの意味を知ることよりも，わかることの方が難しい場合

全訳

¶1 ①文法学者は，'Flying airplanes can be dangerous.'「飛んでいる飛行機は危険なこともある／飛行機を飛ばすことは危険なこともある」という表現の表すただ1つの意味にたどり着くことは長きにわたる実生活において決してないだろうということを知っている。②しかし，いかなる実際の文脈の中でもこの文の意味をとりまちがう人は誰もいない。③様々な誤解が入り乱れる現実生活の中では，輪郭はいっそう曖昧になり誤解はいっそう多種多様になる。④常に誰かがどこかで誰かに何かを言っているが，こうした変化する要素のどれも無視できない。というのも，そのすべてが，言われることを理解することに影響を与えるからである。

¶2 ①意思疎通の最終目的である「（言おうとすることが）わかること」と，「（文字通りの）意味を知ること」とを分けて考えてみることは役に立つ。後者は，「わかること」に似ているが，とりわけ詩を論じる場合にはたぶん，「わかること」とは区別できるものである。②（文字通りの）意味を知ることよりも，わかることの方がたやすいことがたまにある。③子どもが『ヘイ・ディドル・ディドル』という童謡の中に，普通に使われる言葉を認め，その童謡を聞いて歌うのを楽しむならば，指示的な意味の全体においてそれが「何を意味しているかを知っている」とはほとんど言えなくても，その子はその童謡が「わかっている」と言ってよいだろう。④いったい誰が，指示的な意味の全体においてその童謡の意味を知っているだろうか。⑤おそらく，詩におけるいくつかの効果は複雑なので，その詩を楽しみ，その詩がわかっていると言ってよいような大部分の人々によって，その意味がその複雑さのすべてにおいて知られることはないだろう。⑥詩のすべてを，眠気を催させるあらゆる定型的な言葉によって促進される生暖かい，感傷的な，漠然とした感情とみなすような，詩に対する接し方を歓迎する詩人などひとりもいないだろうが，まっさきに文字通りの意味を知ろうと願うあまり，詩に必要な，受容性に富んだ注意深さがだいなしになってしまうような読者に見られる正反対の誤りからも，詩人はなんら利益を得ないのである。⑦ある詩人は「詩は何かを意味するのではなく，存在すべきものだ」とさえ言っているが，これも詩の中でであった。

¶3 ①言葉における指示的な意味をすべて引き出すことより，わかることの方がたやすいということが時としてあるとすれば，それよりわかることの方が難しいということもしばしばある。

②私が当惑しながら思い出すのは，(フランスの）トゥールのバスの中で，健康そうに見える大柄な人が自分は「戦争負傷兵」だと私に告げたときのことだ。③私は彼の言う言葉の意味は理解したものの，彼がかなり奇妙なやり方で会話をしていると思い，フランスではかつて戦争へ行って負傷した人には座席を譲ることになっている場合があるということがわからなかった。④私には状況がわからなかったのであり，彼が負傷兵のバッジをつけていたり，優先座席の表示がしてあったりしたとしても，次にどうすべきかわからなかったのである。

156

問題 20　外界にうまく対処するために必要な意味の付与

問題 p.52
見取図 p.42

解答

問1　肉体面のみならず心理面でもうまくやっていくためには，人間は，比較的あいまいさがなく，ほどほどに予測可能な世界に住む必要がある。ある種の構造が，次々と果てしなく入ってくる大量の信号に課されなければならない。

問2　外科手術によって視力または聴力を回復してもらった大人でさえ，外界を，恐ろしい，時には耐えがたい経験として言い表す。何日間か努力して初めて，ぼんやり見えるものやいろんな物音を，意味のある，したがって扱いやすい経験へと変えることができるようになるのである。

問3　しかし，考えてみると，出来事は，誰かがそれに意味を割り当てるまでは意味を欠いているということは明らかである。

問4　人間の知覚の目的は，世界を理解可能なものにし，世界がうまく扱えるようにすることである。世界に意味が備わっていると考えることは，行動の前提条件であり，行動への準備なのである。

本文読解のポイント

全体を貫く，秩序と無秩序の対比に気づけたかどうか。

設問の解き方

　本文の場合も，全体を通読して，「秩序」と「無秩序」との対比が一貫していることを読みとろう。「秩序」に相当する英単語は order であり，「無秩序」に相当する英単語は disorder であるが，本文では structure「系統立っていること；秩序；構造」が order に相当し，chaos「混沌；無秩序」が disorder に相当する。

全体を貫く「秩序」（△）と「無秩序」（▽）の対比

¶1　①To survive, psychologically as well as physically, human beings must inhabit a world that is relatively free of ambiguity and reasonably predictable. ② Some sort of (△)**structure** must be placed upon (▽)**the endless profusion of incoming signals**. ③The infant, born into (▽)**a world of flashing, hissing, moving images**, soon learns to adapt by resolving

(▽)**this chaos** into (△)**toys and tables, dogs and parents**. ④ Even adults who have had their vision or hearing restored through surgery describe the world as (▽)**a frightening and sometimes unbearable experience**; only after days of efforts are they able to transform (▽)**blurs and noises** into (△)**meaningful and therefore manageable experiences**.

¶ 2　① It is commonplace to talk as if the world "has" (△)**meaning**, to ask what "is" the (△)**meaning** of a phrase, a painting, a contract. ② Yet when thought about, it is clear that events are (▽)**devoid of meaning** until someone assigns it to them. ③ There is no appropriate response to a bow or a handshake, a shout or a whisper, until it is interpreted. ④ A drop of water and the color red (▽)**have no meaning** — they simply exist. ⑤ The aim of human perception is to make the world (△)**intelligible** so that it can be managed successfully; the attribution of (△)**meaning** is a prerequisite to and preparation for action.

見抜くべき二項対立

structure（秩序）△	**chaos**（無秩序）▽
・toys and tables, dogs and parents	・the endless profusion of incoming signals ・a world of flashing, hissing, moving images
・meaningful and therefore manageable experiences	・a frightening and sometimes unbearable experience ・blurs and noises
・meaning	・devoid of meaning ・have no meaning
・intelligible	(・unintelligible)

問1　（下線部和訳問題　➡ **解法 INDEX** ④ p.24）

　　　　🎯　言い換えに注意しよう

下線部(1)には2つの文章が含まれているので，1文ずつ見ていこう。

第 1 文

解答プロセス

1　正確に構文をつかむ

◇ **To survive, psychologically as well as physically, human beings must inhabit a world that is relatively free of ambiguity and reasonably predictable.**「肉体面のみならず心理面でもうまくやっていくためには，人間は，比較的あいまいさがなく，ほどほどに予測可能な世界に住む必要がある」

＊ To survive, psychologically as well as physically は「肉体面のみならず心理面でもうまくやっていくためには」の意の副詞句。To V ..., SV .... という場合の To V ... が「…するために」という副詞句であることは基本事項。survive は「うまくやっていく；生き延びる」の意。A as well as B は「B 同様に A；B だけでなく A も」と読むのが基本。survive physically というのだから physically の意味は「肉体的に；肉体面で」と決まる。ならば，これと対比して，psychologically は「心理的に；精神的に；心理面で」となるはず。psychology「心理学」につられて，psychologically を「心理学的に」と訳した人は単語の意味を文脈の中で判断するという態度を忘れている。

＊ human beings must inhabit ... は「人間は…に住まなければならない」の意。inhabit〔場所〕= live in〔場所〕と覚えよう。cf. inhabitant「住民；生息するもの」

＊ a world that is relatively free of ambiguity は「比較的あいまいさがない世界」の意。relatively は「比較的［に］；割合に」，be free of ... は「…がない；…を免れている」，ambiguity は「あいまいさ；両義性」の意。

＊ reasonably predictable は「ほどほどに（まあまあ；かなり）予測可能な」の意で，これが that is に続く 2 つ目の補語。

2　未知の部分を文脈から類推する

（△）a world that is relatively free of ambiguity and reasonably predictable「比較的あいまいさがなく，ほどほどに予測可能な世界」と対比されているのが，¶ 1 ③の（▽）a world of flashing, hissing, moving images「きらめきシュッと音を立てて動く数々のイメージから成る世界」である。flashing, hissing, moving images とは，「おもちゃやテーブル」などはっきりした形（構造）をもったものとして認識される前の，感覚でとらえられる雑多なイメージ（映像）のこと。③ (The infant, born into (▽) <u>a world of flashing, hissing, moving</u>

images, soon learns to adapt by resolving (▽) this chaos into (△) toys and tables, dogs and parents.「幼児は，きらめきシュッと音を立てて動く数々のイメージから成る世界に生まれ落ちると，ほどなく，こうした混沌をおもちゃやテーブル，犬や両親などに分解することによって，外界に適応することができるようになる」）では，a world of flashing, hissing, moving images が this chaos「こうした混沌」と言い換えられ，a world that is relatively free of ambiguity and reasonably predictable を構成するものの例として，toys and tables, dogs and parents が挙げられていることに注意しよう。

第2文

解答プロセス

1 正確に構文をつかむ

◇ **Some sort of structure must be placed upon the endless profusion of incoming signals.**「ある種の秩序が，次々と果てしなく入ってくる大量の信号に課されなければならない」

* some sort of ... は「ある種の…；何らかの種類の…」の意。
* ここでの structure は，次に出てくる chaos と対比的に用いられていることより，「系統立っていること；秩序」という意味であることがわかるが，「構造」という訳も許容されるだろう。はっきりした構造をもたないものが chaos「混沌；無秩序」だからである。
* must be placed upon ... は「…に置かれなければならない → …に課されなければならない → 〔態を変えて〕…に課さなければならない」の意。「あるものに秩序（構造）を課す」とは，「あるものに秩序を与える；あるものを構造のあるものとみなす」ということである。
* endless は「果てしない」，profusion は「豊富さ；おびただしさ」，incoming signals は「入ってくる（＝外界から視覚を通して頭の中に入ってくる）信号」の意。the endless profusion of incoming signals 全体では，「入ってくる信号の果てしない豊富さ → 果てしなく豊富な（大量の），入ってくる信号 → 次々と果てしなく入ってくる大量の信号」と訳せばよい。

2 未知の部分を文脈から類推する

the endless profusion of incoming signals の具体例が ¶1 ③ の flashing, hissing, moving images であり，「これにある種の秩序（構造）を課す」ということを言い換えたのが同文の resolving this chaos into toys and tables, dogs and parents「こうした混沌をおもちゃやテーブル，犬や両親などに分解する」であることに注意しよう。

問2 （下線部和訳問題 ➡ **解法INDEX** ④ p.24）

◎ 言い換えに注意しよう

解答プロセス

1 正確に構文をつかむ

◇ **Even adults who have had their vision or hearing restored through surgery describe the world as a frightening and sometimes unbearable experience;**「外科手術によって視力または聴力を回復してもらった大人でさえ，外界を，恐ろしい，時には耐えがたい経験として言い表す」

* Even adults ... describe the world as ～「…大人でさえ世界（外界）を～と言い表す（～と形容する）」が文の骨格。

* who have had their vision or hearing restored through surgery「外科手術によって視力または聴力を回復してもらった」は，adults を先行詞とする関係代名詞節。第5文型（VOC型）の have O restored は「O が回復される状態をもつ → O を回復してもらう」の意。have had という現在完了形は「…した」と訳す。through surgery「外科手術によって」という副詞句は restored を修飾する。vision or hearing は，次の文の blurs and noises「ぼんやり見えるものやいろんな物音」との対応関係より，「視力または聴力」と訳すのがよい。外科手術によって回復されるのは「視覚または聴覚」というよりも「視力または聴力」と言う方が自然だからである。ここでも，単語の訳は文脈で決まるという原則を忘れないようにしよう。

* a frightening and sometimes unbearable experience は「恐ろしい，時には耐えがたい経験」の意。frightening と unbearable という2つの形容詞が experience を修飾していることに注意。sometimes は unbearable にかかる副詞であり，sometimes unbearable で「時に耐えがたい[こともある]」という意味になる。

◇ **only after days of efforts are they able to transform blurs and noises into meaningful and therefore manageable experiences**「何日間か努力して初めて，ぼんやり見えるものやいろんな物音を，意味のある，したがって扱いやすい経験へと変えることができるようになる」

＊only after days of efforts are they able to ... は「何日間か努力して初めて…することができるようになる」の意。準否定語の only が文頭に出ると倒置が起こることは基本事項。only after days of efforts は「何日間かの努力の後でのみ→何日間か努力して初めて」と訳すとよい。

＊transform blurs and noises into meaningful and therefore manageable experiences は「ぼんやり見えるものやいろんな物音を，意味のある，したがって扱いやすい経験へと変える」の意。transform A into B「AをBに変える」は基本表現。blurs and noises は「ぼんやり見えるものやいろんな物音」の意。meaningful and therefore manageable experiences は「意味のある，したがって扱いやすい経験」の意。meaningful「意味のある」と manageable「管理できる→処理しやすい；扱いやすい」という2つの形容詞が experiences を修飾していることに注意。therefore という副詞が manageable を修飾していて，meaningful and therefore manageable で「意味のある，〔ということは〕したがって扱いやすい」という訳になる。

2　未知の部分を文脈から類推する

「外科手術によって視力または聴力を回復してもらった大人」は，¶1③の「幼児」と同様に，この世のものを生まれて初めて見たり聞いたりして，「混沌；無秩序」（chaos）に面食らう。だから「外界を，恐ろしい，時には耐えがたい経験として言い表す」わけである。

blurs and noises「ぼんやり見えるものやいろんな物音」の blurs は，前文の vision or hearing「視力あるいは聴力」の vision に対応するものであるということから類推しよう。「ぼんやりと」がわからなくても，「目に入るもの；見えるもの」という意味が出ていればよい。

問3　（下線部和訳問題 ➡ 解法INDEX ④ p.24）

◎　**言い換えに注意しよう**

解答プロセス
1　正確に構文をつかむ

◇ **Yet when thought about, it is clear that events are devoid of meaning until someone assigns it to them.**「しかし，考えてみると，出来事は，誰かがそれに意味を割り当てるまでは意味を欠いているということは明らかである」

* Yet は「しかし（それでも）」の意の接続詞。and yet も同意。
* when thought about を省略のない形で書くと，when it is thought about となる。この it は主節の it（形式主語）と同じもので，主節の真主語の that events are devoid of meaning until someone assigns it to them を指している。it is thought about の態を変えると we think about it となり，これを訳して，「それ（次のこと）について考えると → 考えてみると」と訳すと日本語として自然になる。
* it is clear that SV ...「SV…ということは明らかだ」の意。
* events are devoid of meaning は「出来事は意味を欠いている」の意。
* until someone assigns it to them「誰かがそれ（＝出来事）に意味を割り当てるまでは」の意。it は meaning，them は events を指す。assign A to B は「A を B に割り振る（割り当てる；付与する；与える）」の意。

2　未知の部分を文脈から類推する

* events are devoid of meaning の be devoid of ...「…を欠いている；…をもっていない」の意味を類推するには，2つ後ろ（¶2④）の A drop of water and the color red have no meaning「1滴の水，赤い色には何の意味もない」をヒントにしよう。ちなみに，void は「空虚な；空の (empty)」(cf. vacuum「真空」) という意味で，devoid of ... で「…が空になっている → …を欠いている」の意となる。必修単語の avoid (a + void) ... は「…を空の状態にする → …を避ける」となったもの。(p.42 コラム②参照)
* until someone assigns it to them「誰かが出来事に意味を割り当てるまでは」の意味を類推するには，直後の There is no appropriate response to a bow or a handshake, a shout or a whisper, until it is interpreted.「おじぎや握手，叫びやささやきに対するいかなる適切な反応も，そうしたものに意味があるとみなされるまでは存在しない」をヒントにしよう。interpret ...「…を解釈する」とは「…が特定の意味をもっているとみなす」ということである（Longman という英英辞典は interpret を believe that something someone does or something that happens has a particular meaning「誰かが行う何か，あるいは，たまたま起こる何かが特定の意味をもっていると考える」と説明している）から，it (= a bow or a handshake, a shout or a whisper) is interpreted とは，「それ（＝おじぎや握手，叫びやささやき）が解釈される → それに特定の意味があると考えられる」ということになる。ここから，「出来事に意味を assign する」と，「出来事を interpret する」とが言い換え関係であることがわかるだろう。

問4 （下線部和訳問題 ➡ **解法 INDEX** ④ p.24）

言い換えに注意しよう

解答プロセス
1 正確に構文をつかむ

◇ **The aim of human perception is to make the world intelligible so that it can be managed successfully**「人間の知覚の目的は，世界を理解可能なものにし，世界がうまく扱えるようにすることである」

* The aim of human perception is to V ... は「人間の知覚の目的は…することである」の意。

* make the world intelligible は第5文型（VOC型）で，「世界を理解可能なものにする」の意。intelligible は「理解できる；理解可能な；理解しやすい」の意。intelligent「（人の）知能が高い；聡明な」，intellectual「知的な；知性的な」と混同しないように注意しよう。

* so that S can V ...「SがVできるように」は「目的」を表す副詞節で，make the world intelligible を修飾しているが，前から訳し下して，「世界を理解可能なものにして，SがVできるようにする」とするとわかりやすい（「…ようにする」という締めくくりに注意）。it can be managed successfully は「それ（＝世界）がうまく扱われることができる」が逐語訳だが，can の次の受動態をそのまま訳すと「…されることができる」となって，読みにくいので，こういう場合は態を変えて，「…することができる」とするとよい。ex. It can safely be said that SV ....「SV…ということが支障なく言われることができる → SV…と言ってよい」

◇ **the attribution of meaning is a prerequisite to and preparation for action**「世界に意味が備わっていると考えることは，行動の前提条件であり，行動への準備なのである」

* the attribution of meaning の後ろには to the world を補って，the attribution of meaning to the world と読むこと。これは，attribute meaning to the world「意味を世界に付与する」を名詞化した，いわゆる名詞構文である。attribute A to B には，(1)「AをBのせいにする」と，(2)「A（という性質）がBに備わっていると考える」という意味があるが，ここは後者で，「世界(B)には意味(A)が備わっていると考える」という意味になる。

＊a prerequisite to ... は「…の前提条件；…の必要条件；…に必要なもの」，a preparation for ... は「…への準備」の意。前置詞 to と前置詞 for の共通の目的語が action であることに注意。

2 未知の部分を文脈から類推する

　　make the world intelligible「世界を理解可能なものにする」とは，下線部(3)の assigns it to them「それ（＝出来事）に意味を割り当てる」を言い換えたもので，「世界に意味を付与する」ということである。¶1の最終文に meaningful and therefore manageable「意味のある，したがって扱いやすい」と書かれていたように，意味のあるものは扱いやすくなる。「世界を理解可能なもの（＝意味のあるもの）にし，世界がうまく扱えるようにする」とはこれを言い換えたものである。

＊the attribution of meaning [to the world] の意味を類推するには，下線部(3)の assigns it (＝meaning) to them (＝events)「出来事に意味を付与する」と，¶2③の it (＝a bow or a handshake, a shout or a whisper) is interpreted（態を変えると we interpret it「それを解釈する＝それが特定の意味をもっているとみなす）をヒントにしよう。the attribution of meaning の次に補った to the world の the world が，下線部(3)の events や ¶2③の a bow or a handshake, a shout or a whisper を一般化したものであることに気づけば，the attribution of meaning to the world が下線部(3)，¶2③の言い換えになっていることがわかるだろう。最終的に，the attribution of meaning を「意味を世界に付与する」としても許容解とされるだろう。

＊a prerequisite to and preparation for action の意味を類推するには，¶2③の There is no appropriate response to a bow or a handshake, a shout or a whisper, until it is interpreted.「おじぎや握手，叫びやささやきに対するいかなる適切な反応も，そうしたものに意味があるとみなされるまでは存在しない」をヒントにしよう。action「行動」はこの response「反応」を一般的に言い換えたもの。「意味があると考えられるまでは反応できない」を言い換えれば，「行動するには意味づけ（意味があると考えること；意味の付与）が必要」，「意味づけが行動の前提」ということになる。

パラグラフメモ

¶1	生き延びていくために世界に構造を課す必要性
¶2	世界に意味を付与することが行動の前提

全訳

¶1 ①肉体面のみならず心理面でもうまくやっていくためには,人間は,比較的あいまいさがなく,ほどほどに予測可能な世界に住む必要がある。②ある種の秩序が,次々と果てしなく入ってくる大量の信号に課されなければならない。③幼児は,きらめきシュッと音を立てて動く数々のイメージから成る世界に生まれ落ちると,ほどなく,こうした混沌をおもちゃやテーブル,犬や両親などに分解することによって,外界に適応することができるようになる。④外科手術によって視力または聴力を回復してもらった大人でさえ,外界を,恐ろしい,時には耐えがたい経験として言い表す。何日間か努力して初めて,ぼんやり見えるものやいろんな物音を,意味のある,したがって扱いやすい経験へと変えることができるようになるのである。

¶2 ①世界が意味を「持っている」かのように話すこと,ある言い回し,ある絵,ある契約の意味は何「である」のかと問うことは当たり前のことである。②しかし,考えてみると,出来事は,誰かがそれに意味を割り当てるまでは意味を欠いているということは明らかである。③おじぎや握手,叫びやささやきに対するいかなる適切な反応も,そうしたものに意味があるとみなされるまでは存在しない。④1滴の水,赤い色には何の意味もない。それらはただ存在するだけだ。⑤人間の知覚の目的は,世界を理解可能なものにし,世界がうまく扱えるようにすることである。世界に意味が備わっていると考えることは,行動の前提条件であり,行動への準備なのである。

主要な反意語

コラム③

　最近の主要大学の出題英文に見られた対比表現には次のようなものがあります。この中には，厳密な意味では反意語ではないが，文脈上，対比的なものとして扱われているというものも含まれています。あくまでも**文脈の中での判断が重要**だということを忘れてはなりません。

　dis- ; in- ; im- ; il- ; ir- ; non-; un- などの接頭語がつくと反対語になることが多いのも知っておきましょう。

abnormal「異常な」	normal「正常な」
absolute「絶対的な」	relative「相対的な」
abstract「抽象的な」	concrete「具体的な」
active「能動的な」	passive「受動的な」
actual「現実の」	ideal「理想の」
add「加える」	remove「取り除く」
analysis「分析」	synthesis「総合」
ancestor「祖先」	descendant「子孫」
ancient「古代の」	modern「現代の」
arrogance「傲慢さ」	humility「謙虚さ」
art「人工」	nature「自然」
attack「攻める」	defend「守る」
attention「注意」	indifference「無関心」
benefit「利益」	damage「損害」
body「身体」	mind「頭」
body「肉体」	soul「魂」
cause「原因」	effect「結果」
capture「とらえる」	liberate「自由にする」
chaos「混沌；無秩序」	cosmos「(秩序と調和のある) 宇宙」 order「秩序」
civilization「文明」	wilderness「野性」
clear「はっきりした／晴れた」	ambiguous「あいまいな」 cloudy「曇った」
coherent「一貫性のある」	incoherent「一貫性のない」

common「ありふれた」	rare「まれな」
complex「複合的な」	simple「単純な」
conceal「隠す」	reveal「あばく」
construction「建設」	destruction「破壊」
converge「(1点に)集まる;収束する」	diverge「分岐する;発散する」
danger「危険」	safety「安全」
death「死」	life「生」
deep「深い」	shallow「浅い」
demand「需要」	supply「供給」
disease「病気」	health「健康」
diverse「多様な」	uniform「画一的な」
diversity「多様性」	uniformity「画一性」
duty「義務」	right「権利」
egoism「利己主義」	altruism「利他主義」
employee「従業員」	employer「雇用者」
empty「からの」	full「いっぱいの」
explicit「明白な;あからさまな」	implicit「暗黙のうちの」
external「外部の」	internal「内部の」
extraordinary「並外れた」	ordinary「普通の」
fact「事実」	fiction「作り話」
false「偽物の」	genuine「本物の」
familiar「馴染み深い」	strange「馴染みのない」
famous「有名な」	unknown「無名の」
finite「有限の」	infinite「無限の」
friendly「友好的な」	hostile「敵対的な」
gain「得る」	lose「失う」
gain「利益」	loss「損失」
general「一般的な」	specific「具体的な」
general「全体的な」	particular「個別的な」
global「地球規模の」	local「地域的な」

guilty「有罪の」	innocent「無罪の」
heaven「天国」	hell「地獄」
hope「希望」	despair「絶望」
human「人間の」	divine「神の」
identity「同一性」	difference; diversity; variety「多様性」
immigrate「(外国から) 移住する」	emigrate「(外国へ) 移住する」
income「収入」	expenditure「支出」
increase「増加する」	decrease「減少する」
inner「中の」	outer「外の」
input「入力」	output「出力」
insert「挿入する」	delete「削除する」
integrate「統合する」	disintegrate「崩壊させる」
internal「内部の」	external「外部の」
international「国際的な」	local「地域的な」
joy「喜び」	sorrow「悲しみ」
knowledge「知識」	ignorance「無知」
majority「多数」	minority「少数」
major「大きいほうの」	minor「小さいほうの」
master「主人」	servant「召し使い」
mature「成熟した」	immature「未熟な」
meaningful「有意味な」	senseless; meaningless; nonsensical「無意味な」
merit「利点」	demerit「欠点」
minimum「最小」	maximum「最大」
mobility「流動性」	immobility「不動性」
moderate「穏健な」	radical「急進的な」
natural「天然の」	artificial「人工的な」
objective「客観的な」	subjective「主観的な」
order「秩序」	disorder「無秩序」
outside「外部」	inside「内部」

passive「受動的な」	active「受動的な」
pessimism「悲観主義」	optimism「楽観主義」
physical「身体の；肉体的な」	mental「頭の；精神的な」
picture「映像」	language「言語」
poison「毒」	medicine「薬」
positive「肯定的な」	negative「否定的な」
presence「出席；目の前にあること」	absence「欠席；目の前にないこと」
present「目の前にある」	absent「目の前にない」
private「私的な」	public「公的な」
production「生産」	consumption「消費」
progressive「進歩的な」	conservative「保守的な」
prove (= verify)「(…の正しさを) 証明する」	disprove (= falsify)「…の誤りを証明する」
quality「質」	quantity「量」
refuse「拒絶する」	accept「受け入れる」
resist「反抗する」	obey「服従する」
right「正しい」	wrong「間違った」
sane「正気の」	crazy「狂気の」
scientific「科学的な」	philosophical「哲学的な」
separate「分離する」	connect「結合する」
sound「健全な」	sick「病気の」
smooth「滑らかな」	rough「粗い；ざらざらの」
space「空間」	time「時間」
spatial「空間的な」	temporal「時間的な」
speculative「思弁的な」	empirical「実証的な（経験・観察に基づく）」
spiritual「精神的な」	material「物質的な」
static「静的な」	dynamic「動的な」
stretch「伸ばす；伸びる」	shrink「縮ませる；縮む」
subject「主体」	object「客体」

success「成功」	failure「失敗」
superior「すぐれた」	inferior「劣った」
tame「飼いならされた」	wild「野性的な」
temporary「一時的な」	permanent「永久的な」
tense「緊張した」	relaxed「くつろいだ」
tension「緊張」	relaxation「くつろぎ」
the same；identical「同一の」	different；diverse；various；varying「様々な」
the same「同じ」	different「異なる」
theory「理論」	practice「実践」
tragedy「悲劇」	comedy「喜劇」
true「真実の」	false「うその」
union「統合」	division「分裂」
upward「上の方へ」	downward「下の方へ」
urban「都会の」	rural「いなかの」
vague「曖昧な」	clear「明瞭な」
valuable「価値ある」	valueless「価値のない」
vivid「鮮やかな」	dull「ぼんやりした；くすんだ」
verse「韻文」	prose「散文」
vertical「垂直の」	horizontal「水平の」
virtue「美徳」	vice「悪徳」
voluntary「自発的な」	compulsory「強制的な」
whole「全体」	part「部分」
wisdom「知恵；賢明さ」	learning「学識・知識」
wise「知恵のある；賢明な」	learned「学識のある」
worker「労働者」	management「経営者」

英文読解の着眼点〈改訂版〉
言い換えと対比で解く

著　　者	桜　井　博　之
発　行　者	山　﨑　良　子
印刷・製本	日経印刷株式会社
発　行　所	駿台文庫株式会社

〒 101 - 0062　東京都千代田区神田駿河台 1 - 7 - 4
　　　　　　　　　　　　　　　　　　小畑ビル内
　　　　　　　　TEL. 編集　03(5259)3302
　　　　　　　　　　販売　03(5259)3301
　　　　　　　　　　　　　《⑧ − 276pp.》

©Hiroyuki Sakurai 2002

許可なく本書の一部または全部を，複製，複写，デジタル化する等の行為を禁じます。

落丁・乱丁がございましたら，送料小社負担にてお取替えいたします。

ISBN978 - 4 - 7961 - 1111 - 9　　Printed in Japan

駿台文庫 Web サイト
https://www.sundaibunko.jp

CONTENTS

問題 1 …………………………………………………… 2
問題 2 …………………………………………………… 3
問題 3 …………………………………………………… 4
問題 4 …………………………………………………… 6
問題 5 …………………………………………………… 8
問題 6 …………………………………………………… 10
問題 7 …………………………………………………… 12
問題 8 …………………………………………………… 14
問題 9 …………………………………………………… 16
問題 10 ………………………………………………… 18
問題 11 ………………………………………………… 20
問題 12 ………………………………………………… 22
問題 13 ………………………………………………… 24
問題 14 ………………………………………………… 26
問題 15 ………………………………………………… 28
問題 16 ………………………………………………… 30
問題 17 ………………………………………………… 34
問題 18 ………………………………………………… 38
問題 19 ………………………………………………… 40
問題 20 ………………………………………………… 42
解法 INDEX まとめ …………………………………… 44

● 凡例 ●

¶1	パラグラフ番号
① ② …	文番号（第1文，第2文…）
——— ～～～ ○	言い換え（同じ種類の線や印）
△ ▽	対比関係（前者と後者）

問題 1   目標時間：15分

次の英文を読んで，問いに答えよ。

¶1 ①Play and art are alike in that both activities appear, superficially at any rate, to lack the compulsion associated with biological necessity. ②We seem not to have to play in order to survive; nor are we obviously compelled to paint pictures, compose music, or sculpt statues. ③Although one can imagine that a man might be forced by another to create something, it is generally true that art is a voluntary activity, and that creativity flourishes best in the absence of compulsion. ④(1)The same is true of play. ⑤For, although one might compel a child to play a game against his will, the game will straightaway lose one of the characteristics that makes it play.

¶2 ①If it is accepted that both play and art are essentially voluntary, it follows that both are generally (2) activities. ②Although games can be turned into ways of making a living by those who are particularly skilful players, they do not originate in this way. ③Although creative production may turn out to be financially rewarding, men do not primarily engage in it for the sake of financial gain. ④Both games and works of art stand somewhat outside the ordinary course of life, and do not appear to be associated with the immediate satisfaction of wants and appetites. ⑤The idea that a novelist, for example, could sit down and write a popular romance for cash with her tongue in her cheek is almost certainly (3).

〈239 words〉

問題 2　　　　　　　　　　　　　　　　目標時間：15分

次の英文を読んで，問いに答えよ。

¶1 ①A human being has been defined as a tool-using animal. ②The earliest evidence of the prehistory of our species shows the tool as part of human life, almost literally a part of a human being. ③Hammer, shovel, knife are extensions of human arms, specialized attachments permitting the human to do the work more effectively than with their unaided teeth and nails. ④Tools permit human beings to surpass themselves and to perfect the efforts of their naked hands. ⑤And in the hand of a craftsman the tool acquires almost a life of its own.

¶2 ①The "almost" is crucial; the tool remains an extension of human powers. ②Its motive force is visibly the human using it. ③The machine, an application of power to a system of moving parts, is a different matter. ④Perhaps this is so because the machine changes not only the direction of the power applied but often its very nature. ⑤Tools are generally used to perform easily-understood physical actions: cutting, piercing, prying loose. ⑥The machine works mysterious chemical changes or vastly increases human power enabling him or her to replace the *quern with huge mill wheels, the *abacus with the electronic computer. ⑦Whatever the cause from its simplest beginnings the machine is felt to be alien, non-human. 〈208 words〉

問題3　　　　　　　　　　　　　　　目標時間：20分

次の英文を読んで，問いに答えよ。

¶1　①The study of *genetics is today so far advanced that we shall soon be able to produce a kind of genetically perfect 'superman,' using techniques known as '*genetic engineering.' ②At first this may seem an attractive possibility, but when we consider (1)it in detail, we find there are many problems involved.

¶2　①A distinction is usually made between 'negative' and 'positive' genetic engineering. ②In negative genetic engineering we try to eliminate harmful genes to produce genetically normal people. ③The aim is of course a desirable one; however, it does pose the problem of what a harmful gene is. ④Genes are not really either 'good' or 'bad.' ⑤The gene which causes certain forms of *anaemia, for example, can also protect against malaria. ⑥If we eliminate this gene we may get rid of anaemia, but we (　2　) the risk of malaria.

¶3　①In (　3　) genetic engineering we try to create better people by developing the so-called 'good' genes. ②But although this form of genetic engineering will give us greater control over mankind's future, there are several reasons for caution. ③First, there is the possibility of mistakes. ④While accepting that geneticists are responsible people, we must also admit that things can go wrong, the result being the kind of monster we read about in horror stories. ⑤Secondly, there is the problem of deciding what makes a 'better' person. ⑥We may feel, for example, that if genetic engineering can create more intelligent people, then this is a good thing. ⑦On the other hand, intelligence does not necessarily lead to happiness. ⑧Do we really want to create people who are intelligent, but perhaps unhappy?

¶4　①The basic question is whether or not we should interfere with human life. ②We can argue that much human progress (particularly in medicine) involves interference with life. ③To some extent (5)this is true; but we should not forget the terrible consequences genetic engineering can have. ④Consider, for example, the possibilities of genetic warfare, in which our enemies try to harm us using the techniques of genetic engineering. ⑤We are destined to confront the destruction of human race. 〈342 words〉

問題 4

目標時間：25分

次の英文を読んで，問いに答えよ。

¶1 ①It has long been known that the human brain consists of two so-called *hemispheres that appear, superficially at least, to be identical. ②These two halves, which we will call LH (Left Hemisphere) and RH (Right Hemisphere), have, however, quite distinct functions. ③In right handed people —— and for simplicity, we can restrict our discussion to them —— the LH may be said, at least roughly, to control the right half of the body, and the RH the left half. ④Most importantly, the two halves of the brain appear to have two quite distinct ways of thinking. ⑤The LH thinks, so to speak, in an orderly, sequential, and, we might call it, logical fashion. ⑥The RH, on the other hand, appears to think in complete images. ⑦Language processing appears to be almost exclusively centered in the (ア)[(a)LH (b)RH], for example, whereas the (イ)[(a)LH (b)RH] is deeply involved in such tasks as spatial orientation, and the production and appreciation of music.

¶2 ①The history of man's creativity is filled with stories of artists and scientists who, after working hard and long on some difficult problem, consciously decide to "forget" it, in effect, to turn it over to their RH. ②After some time, often with great suddenness and totally unexpectedly, the solution to their problem announces itself to them in almost complete form. ③The [(a)LH (b)RH] appears to have been able to overcome the most difficult logical and systematic problems by, I would conjecture, relaxing the rigid standards of thought of the (エ)[(a)LH (b)RH]. ④Given the looser standards the RH employs, it was perhaps able to design thought experiments which the LH simply could not, because of its rigidity, conceive. ⑤The RH is thus able to hit upon solutions which could then, of course, be recast into strictly logical terms by the LH. ⑥We may conjecture that in children the communication channel between the two brain halves is wide open;

30 that is, that messages pass between the two halves quite freely. ⁷That may be [(a)why (b)because] children are so incredibly imaginative; for example, for them a cigar box is an automobile one moment and a house the next. ⁸In [(a)children (b)adults], the channel has been severely narrowed — whether by education or by physiological
35 *maturational processes or by both, I cannot guess. ⁹But it is clearly more open during the dream state. I may also conjecture that *psychoanalysis trains people in the use of the channel. ¹⁰In psychoanalysis one learns to listen with the third ear, to attend, that is, to what the unconscious is "saying." ¹¹Perhaps the various
40 meditative disciplines serve the same purpose. 〈453 words〉

(解答解説 p.45〜)

問題5　　　　　　　　　　　　　　　　目標時間：25分

次の英文を読んで，問いに答えよ。

¶1 ①When words are used to produce a work of art — whether story or poem or drama — their formal disposition or 'artistic arrangement' is a deliberate part of what is happening. ②Thus, the physical properties of words as sounds are taken into account in a way in which they are not in everyday uses of language: and this is (A) particularly true of poetry. ③For everyday purposes we become accustomed to looking through the substance at the meaning. ④But (B) young children's concern with words is more like that of the poet, since they too are more than usually aware of the physical qualities and show this by the way they play with sounds, making rhymes and word-play and mixing in nonsense sounds.

¶2 ①There are other (C) between poetry and young children's speech. ②Poets tend to look for significant, suggestive detail — something straight out of life — to carry their meaning, and to avoid the vaguely general or abstract terms. ③(It was T. E. Hulme's view that: 'poetry always endeavours to delight you, and to make you continuously see a physical thing, to prevent you gliding through an abstract process.') ④With young children it is not a matter of choice: their ideas must take a relatively concrete form of expression because they have not yet mastered the art of making and handling abstractions. ⑤A five-year-old boy in an infants' class once said to a colleague of mine, 'Oh, yes. ⑥I know Geography. ⑦It's polar bears at (D) the top and penguins at the bottom.'

¶3 ①More generally, a great deal of children's speech seems to be uttered for the pleasure of speaking rather than in order to communicate anything to anybody. ②And in this it resembles poetry, for poetry is, broadly speaking, more concerned to celebrate, to (E), to show respect, than it is to instruct or (F) or convince.

〈302 words〉

(解答解説 p.50〜)

MEMO

問題6　　　　　　　　　　　　　　　目標時間：25分

次の英文を読んで，問いに答えよ。

¶1 ①Science is generally taken as meaning either the *exact sciences, such as chemistry, physics, etc., or a method of thought which obtains *verifiable results by reasoning logically from observed fact. ②If you ask any scientist, or indeed almost any educated person, "What is science?" you are likely to get an answer approximating to (1)the latter. ③In everyday life, however, both in speaking and in writing, when people say "science" they mean the former. ④Science means something that happens in a laboratory: the very word calls up a picture of graphs, test-tubes, balances, Bunsen burners, microscopes. ⑤A biologist, an astronomer, perhaps a psychologist or a mathematician, is described as a "man of science"; no one would think of applying this term to a statesman, a poet, a journalist or even a philosopher. ⑥And those who tell us that the young must be scientifically educated mean almost invariably, that they should be taught more about radioactivity, or the stars, or the physiology of their own bodies, rather than that they should be taught to think more exactly.

¶2 ①(2)This confusion of meaning which is partly deliberate, has in it a great danger. ②(3)Implied in the demand for more scientific education is the claim that if one has been scientifically trained one's approach to all subjects will be more intelligent than if one had had no such training. ③A scientist's political opinions, it is assumed, his opinions on sociological questions, on morals, on philosophy, perhaps even on the arts, will be more valuable than those of a layman. ④The world, in other words, would be a better place if the scientists were in control of it. ⑤But a "scientist," as we have just seen, means in practice a specialist in one of the exact sciences. ⑥It follows that a chemist or a physicist, as such, is politically more intelligent than a poet or a lawyer, as such. ⑦And, in fact, there are

30　already millions of people who do believe this. ⁸But is it really true that a "scientist," in this narrower sense, is any likelier than other people to approach non-scientific problems in an objective way? ⁹There is not much reason for thinking so.　　　〈360 words〉

問題 7　　　　　　　　　　　　　目標時間：25分

次の英文を読み，問いに答えよ。

¶1 ①With the cost of computers plunging, a new age of invention is about to start. ②New horizons will appear in every direction, much as if ten continents were discovered simultaneously. ③The result will not only be new products and activities but also new concepts and cultures. ④It is possible to glimpse fragments of (1)this future now and to sense how rich and unexpected it will be.

¶2 ①(2)Unfortunately for the past century some humanists have been at odds with technologists, viewing technology as a harmful force beyond their control — all the more intolerable because of its human origins. ②This attitude is part of the humanist's traditional focus on the past and unwillingness to embrace either the art or technology of the present. ③The effect of a work of art is strongest at the time of its creation and weakens with the passage of time. ④An artistic work that can be understood only with a scholar's footnotes cannot be considered more powerful than one that speaks to its audience directly. ⑤The common assumption that (3)fifty year's hindsight is required for the identification of a work of art is based on a lack of confidence, denies the value of art created in the present, and makes aesthetic judgment a kind of historical *Nielsen rating. ⑥This attitude goes back to the worship of the Greeks by the Romans. ⑦It is anti-art. ⑧The young are taught to appreciate past art much as doctors expose people to a weakened form of a virus so they will become immune to (4)the real thing.

¶3 ①Art exists in the present. ②It affirms it. ③We are living in epochal times, inventing technology with existential implications. ④Surely the art of such times must use the most powerful means of expression available, leading rather than following in the exploration of aesthetic technology. ⑤Artists cannot remain aloof, cultivating an utter ignorance of all things technical.

〈312 words〉

(解答解説 p.61 ～)

MEMO

問題8　　　　　　　　　　　　　　　　　　　　目標時間：25分

次の英文を読んで，問いに答えよ。

¶1 ①In real life, you often have to deal with things you don't completely understand. ②You drive a car, not knowing how its engine works. ③You ride as passenger in someone else's car, not knowing how that driver works. ④Strangest of all, you drive your body and your mind, not knowing how your own self works. ⑤Isn't it amazing that we can think, not knowing what it means to think? ⑥Isn't it remarkable that we can get ideas, yet not explain what ideas are?

¶2 ①In our minds there seem to be some processes that we call consciousness. ②We usually regard them as enabling us to know what is happening inside our minds. ③But (1)this reputation of self-awareness is not so well deserved, because (2)our conscious thoughts reveal to us so little of what gives rise to them.

¶3 ①Consider how a driver guides the immense *momentum of a motorcar, not knowing how its engine works or how its steering wheel directs it to left or right. ②Yet when one comes to think of it, we drive our bodies in much the same way. ③So far as conscious thought is concerned, you turn yourself to walk in a certain direction in much the same way you steer a car; you are aware only of some general intention, and (3)all the rest takes care of itself. ④To change your direction of motion is actually quite complicated. ⑤If you simply took a larger or smaller step on one side, the way you would turn a rowboat, you would fall toward the outside of the turn. ⑥Instead, you start to turn by making yourself fall toward the inside — and then use centrifugal force to right yourself on the next step. ⑦This incredible process involves a huge society of muscles, bones, and joints, all controlled by hundreds of interacting programs that even specialists don't yet understand. ⑧Yet all you think is "Turn that way," and your wish is automatically fulfilled.

¶4 ①We give the name "signals" to acts whose consequences are not inherent in their own character but have merely been assigned to them. ②When you accelerate your car by pressing on the gas pedal, this is not what does the work; it is merely a signal to make the engine push the car. ③Similarly, rotating the steering wheel is merely a signal that makes the steering mechanism turn the car. ④The car's designer could easily have assigned the pedal to steer the car or made the steering wheel control its speed. ⑤But practical designers try to exploit the use of signals that already have acquired some significance.

¶5 ①Our conscious thoughts use signal-signs to steer the engines in our minds, controlling countless processes of which we are never aware. ②Not understanding how it is done, we learn to gain our ends by sending signals to those great machines, much as the magicians of older times used rituals to cast their spells. 〈484 words〉

(解答解説 p.67〜)

問題9　　　　　　　　　　　　　　　　　目標時間：25分

次の文章を読んで、問いに答えよ。

¶1 ①Say a two-month-old baby wakes up at 3 A.M. and starts crying. ②Her mother comes in and, for the next half hour, the baby contentedly nurses in her mother's arms while her mother gazes at her affectionately, telling her that she's happy to see her, even in the middle of the night. ③The baby, content in her mother's love, gradually goes back to sleep.

¶2 ①Now say another two-month-old baby, who also awoke crying in the middle of the night, is met instead by a mother who is tense and irritable, having fallen asleep just an hour before after a fight with her husband. ②The baby starts to tense up the moment his mother abruptly picks him up, telling him, "Just be quiet —— I can't stand one more thing! Come on, let's get it over with." ③As the baby nurses, his mother stares stonily ahead, not looking at him, reviewing her fight with his father, getting more agitated herself as she thinks about it for a long time. ④The baby, sensing her tension, squirms, stiffens, and stops nursing. ⑤"That's all you want?" his mother says. ⑥"Then don't eat." ⑦With the same abruptness she puts him back in his bed and walks out angrily, letting him cry until he falls back to sleep, exhausted.

¶3 ①The two scenarios are presented by the report from the National Center for Clinical Infant Programs as examples of the kinds of interaction that, if repeated over and over, teach a baby very different feelings about himself and his closest relationships. ②The first baby is learning that people can be trusted to notice her needs and counted on to help, and that she can be effective in getting help; the second is finding that no one really cares, that people can't be counted on, and that his efforts to get comfort will meet with failure. ③Of course, most babies experience both kinds of interaction. ④But how secure, confident, and *trusting a child feels depends on how his parents have treated him over the years. ⁵Erik Erikson put it in terms of whether a child comes to feel a "basic trust" or a basic mistrust.

¶4 ①Such emotional learning begins in life's earliest moments, and continues throughout childhood. ②All the small exchanges between parent and child have an emotional hidden meaning, and in the repetition of these messages over the years children form the core of their emotional attitude and capabilities. ③A little girl who finds a puzzle frustrating and asks her busy mother to help gets one message if the reply is the mother's clear pleasure at the request, and quite (A) if it's a rudely brief "Don't bother me — I've got important work to do." ④When such encounters become typical of child and parent, they mold the child's emotional expectations about relationships — and cause a general attitude towards life that will influence her functioning in all areas of life, for better or worse.

〈484 words〉

(解答解説 p.74〜)

問題 10　　　　　　　　　　　　　　　目標時間：25分

次の英文を読んで，問いに答えよ。

¶1 ①If scientists did not make certain philosophical assumptions, assumptions that are not susceptible of proof, it would be impossible for them to make any sense of the phenomena they observe in the natural world. ②It would be impossible to do physics, for example, if they did not assume that there were such things as physical laws, and that these laws always remained the same. ③The scientific way of thinking is so familiar to us today that we tend not to realize that it is not so obvious that this must be the case. ④Nature is full of variable quantities: the sun does not rise at the same time every day, and ocean tides on succeeding days do not occur at the same time or reach the same height. ⑤It would seem natural to attribute such phenomena to varying causes. ⑥The idea that they can be attributed to the workings of a never-changing law of gravitation is really rather subtle and sophisticated.

¶2 ①Other philosophical assumptions must be made by the physicists and cosmologists who attempt to understand the properties of the universe. ②For example, there is no way to demonstrate that the laws of physics must be precisely the same in distant galaxies as they are in our own region of space, but if we did not assume this, there could be no such thing as *astrophysics.

¶3 ①Similarly, if we are to speak about the past evolution of the universe, we must assume that the physical laws operating today are the same ones that determined the behavior of fields and particles billions of years ago. ②Again, there is no way to demonstrate that this must be the case. ③It is conceivable that there never was any big bang or *inflationary expansion, that we have been deceived into thinking that these events took place because we don't know that the laws of nature have changed over the course of time. ④The idea is conceivable, but not very appealing. ⑤If laws changed in unknown

30 ways, we could hardly speak of "laws of nature" at all.

¶4 ① Though the idea that the laws of nature that we perceive are the same laws that operate in other places and in other (5) cannot be proved, there is a great deal of circumstantial evidence in its favor. ② Making this assumption has led to the creation of theories
35 that have predictive power, and which seem to give consistent explanations of the phenomena we observe in the universe today. ③ Making this basically philosophical assumption, in other words, has led to the creation of scientific theories that seem to make sense.

〈430 words〉

(解答解説 p.80 〜)

問題 11　　　目標時間：25 分

次の英文を読み，設問に答えよ。

¶1 ①Sherlock Holmes and Dr Watson first meet in Arthur Conan Doyle's *A Study in Scarlet*. ②Despite Holme's powerful intellectual abilities, Watson is astonished to discover that Holmes is entirely ignorant of the Copernican theory, according to which the earth and the other planets travel around the sun. ③Imagine, then, his surprise when Holmes refuses to be enlightened on the matter: "(1)" he interrupted impatiently: "You say we go round the sun. ④If we went round the moon it would not make a pennyworth of difference to me or to my work."

¶2 ①In their quaint Victorian way, Watson and Holmes raise a question that is still of fundamental importance today. ②Does it really matter whether people know anything about basic scientific questions like the relationship between the earth and the sun, the structure of the atom, or the nature of life? ③Shall we take the side of Watson, and say that such things are part of what every civilised human being ought to know; or shall we fall into line with Holmes, and say: what the deuce is it to me? ④In short, why should we care about the public understanding of science?

¶3 ①I believe there are, at least, two very good reasons why we should care. ②First, science is the outstanding feature of our culture and people deserve to know about it. ③If you doubt this, try asking yourself the following question: for what area of creative achievement, above all others, will our civilization be remembered, centuries, and millennia from now? ④Will it be for the brilliance of our architecture, for the quality of our fine art, or for the excellence of our literature? ⑤I doubt it. ⑥I think, when everything else has turned to dust, we shall still be remembered for the extraordinary advances we have made in understanding the world and our place in it.

¶4 ① In terms of the grand sweep of history, ours is the age that first discovered what kind of place the universe really is, and what kind of thing a living organism really is. ② Although scientists rarely say so in an explicit way, the plain fact is that these (among, of course, many others) are fascinating things to know about. ③ People deserve to be let in on the great secrets that science is continually uncovering. ④ Poor old Sherlock; he really didn't know what he was missing.

¶5 ① My second reason for caring about the public understanding of science is more practical. ② Science is not just the thing our culture does best, it is also the thing that most critically influences the way we live. ③ Think of almost anything we do — eating, having babies, working, taking holidays — and you find that it is shaped by science.

¶6 ① For those of us with wider interests, science is everywhere — at work (the job looks interesting but will I be able to cope with the information technology involved?); and at home (the microwave oven looks convenient, but how does that microwave actually work and is it really safe?); in the supermarket (shall I buy irradiated food because it's supposed to be germ-free, or avoid it like the plague because some people say it's dangerous?) and at the clinic (shall I ask about that troublesome ankle, and if so will I be able to understand the reply?) ② We need to know at least something about science in order to make some sense of everyday things like these.

⟨568 words⟩

問題 12　　　　　　　　　　　　　　　　　　　目標時間：25分

次の英文を読んで，問いに答えよ。

¶1 ①Among a science teacher's most striking experiences are encounters with bright, eager students who are (1)utterly unable to understand some seemingly simple scientific idea. ②The intelligence of these students is apparent from the clarity with which they recognize their lack of understanding. ③Nevertheless, they are unable to process the information they are given because they are missing some critical mental structures.

¶2 ①These structures develop from a sequence of *relevant experiences that extends back to earliest childhood. ②In simpler times, most children of the same class and culture had similar experiences and so progressed in roughly the same direction. ③But now, the immense variety of toys and activities available to children provide a multitude of (2) experiences, few of which, unfortunately, are relevant to the development of scientific thinking. ④One peek into the room of a middle-class six-year-old girl reveals a world of stuffed toys and soft fabrics. ⑤There are no toys that fit together, nothing with a straight line. ⑥By age four or five, the child may have lost all interest in the type of toys that supply the *manipulative experiences relevant to developing the mental structures necessary for mathematics.

¶3 ①Contrast this with a three-year-old who plays with toy trains. ②At first, the child may play randomly with the individual parts but, if guided by a parent, will soon become interested in connecting them "properly." ③The train soon imposes its own reality, and the child comes to understand that there are right and wrong ways to run a railroad. ④Playing with trains comes to mean connecting tracks so that cars can roll on them from one place to another. ⑤From such play come the mental structures associated with lines and connections, which enable the child to see the geometrical similarity between a real train on real tracks and a toy train on toy tracks. ⁶Some such insight seems to be necessary for the development of the formal concepts of scale and proportionality.

¶4 ①Students who reach middle school without the relevant concrete experiences with similarity aren't prepared for subjects that involve proportionality, such as percent and time-rate-distance. ②The failure to understand these subjects blocks any further progress in mathematics and science. ③To prevent this blockage students from kindergarten on must be provided with concrete activities designed to develop geometric and quantitative thinking. ⟨380 words⟩

(解答解説 p.92〜)

問題 13　　　　　　　　　　　　　　目標時間：25分

次の英文を読んで，問いに答えよ。

¶1 ①Many of the most compelling international issues of today are environmental. ②The warming of the earth caused by the production of carbon dioxide, the destruction of forests by acid rain, pollution of rivers and oceans, uncontrolled *desertification, the destruction of the protective ozone layer by the chemicals in sprays — these are just some of the problems under discussion among scientists, government officials and environmentalists, and in the media. ③The collective awareness is rapidly growing that the global environment can only be protected for the coming century through genuine international cooperation. ④But this will require some radical rethinking on a fundamental level.

¶2 ①Since the outbreak of Minamata disease (mercury poisoning) in the late fifties, environmental problems have been a major social issue in Japan, and various measures have been devised to eliminate pollution and other dangers to public health. ②As a result, considerable improvements have been made, at least in dealing with problems that are conspicuous in our daily lives. ③The number of days one can see Mount Fuji from downtown Tokyo has greatly increased and the smell of the Sumida River that runs through the oldest part of the city has faded; fish have returned to its waters.

¶3 ①The issues now attracting international attention tell us clearly, however, that environmental problems have by no means been solved. ②The pollution we recognize and experience directly may have lessened, but the sphere of human activity in general has greatly expanded, and experts are pointing to signs of immense changes in the ecosystem. ③If nothing is done, it is feared that continued reduction of the ozone layer, warming of the earth, desertification, acid rain, and so forth could, in the long term, threaten the survival of the human race and all other forms of life on the planet. ④These issues may not pose an immediate threat to our daily lives, but their damage could be permanent if proper steps are not taken now. ⑤It is Japan's responsibility as an industrialized nation to take the initiative in tackling the issues, introducing measures that take a much longer perspective than ever before contemplated.

¶4 ①The most basic remedy in a long-term task like this must be sought through education, and this involves a thorough review of educational concepts and school courses, especially in the sciences. ②This is vital because education shapes the outlook and attitudes of those who will take the lead in society in the years to come.

¶5 ①Most of the phenomena causing air and water pollution, as well as reduction of the ozone layer, can be traced to the technological advances attained through scientific research; they are the product of human inquiry and invention. ②The solutions, (4), must be sought by making use of all the experience and intelligence at our disposal. ③Today we must ask ourselves whether the education we are giving our children, in the sciences in particular, is working to protect or to put the survival of the human race in danger.

〈492 words〉

(解答解説 p.98〜)

問題 14　　　　　　　　　　　　　　　　　　目標時間：25分

次の英文を読み，問いに答えなさい。

¶1 ①All learning implies memory. ②If we remembered nothing from our experiences we could learn nothing. ③Life would consist of momentary experiences that had little relation to one another. ④We could not even carry on a simple conversation. ⑤To communicate, you must (A) the thought you want to express as well as what has just been said to you.

¶2 ①Suppose one morning you are introduced to a student and told her name is Barbara Cohn. ②That afternoon you see her again and say something like, "You're Barbara Cohn. ③We met this morning." Clearly you have remembered her name. ④But what exactly did you do? ⑤What does memory involve?

¶3 ①Your minor memory feat can be broken down into (1)three stages. ②First, when you were introduced you somehow deposited Barbara Cohn's name into memory. ③This is the encoding stage. ④You transformed a physical phenomenon (sound waves) that corresponds to her spoken name into the kind of code that memory accepts, and you placed that code in memory. ⑤Second, you retained, or stored, the name during the time between the two meetings. ⑥This is the storage stage. ⑦And third, you recovered the name from storage at the time of your second meeting. ⑧This is the retrieval stage.

¶4 ①Memory can fail at any of these three stages. ②Had you been (B) to recall Barbara's name at the second meeting, this could have reflected a failure in any of the stages — encoding, storage, or retrieval. ③So an understanding of memory involves (2)specifying what operations occur at each stage in different situations and how these operations can go wrong and result in memory failure.

¶5 ①Do the three stages of memory operate in the same way in all memory situations? ②A good deal of research suggests that they (C). ③Memory seems to differ between those situations that require us to store material for a matter of seconds and those that require us to store material for longer intervals from minutes to years. ④The former situations are said to tap short-term memory, while the latter reflect long-term memory.

¶6 ①We can illustrate this distinction by amending our story about meeting Barbara Cohn. ②Suppose that during the first meeting, as soon as you had heard her name, a friend came up and you said, "Jim, have you met Barbara Cohn?" ③That would be an example of short-term memory. ④You retrieved the name after only a second or so. ⑤Remembering her name at the time of your second meeting would be an example of long-term memory, for now retrieval would take place hours after the name was encoded.

¶7 ①When we recall a name immediately after encountering it, retrieval seems effortless, as if the name were still active, still in our consciousness. ②But when we try to recall the same name hours later, retrieval is often difficult, as the name is no longer conscious. ③This contrast between short- and long-term memory is (D) to the contrast between conscious knowledge and the subconscious knowledge we have but are not currently thinking about. ④We can think of memory as a vast body of knowledge, only a small part of which can ever be active at any moment. ⑤The rest is passive. ⑥Short-term memory corresponds to the active part, long-term memory to the passive.

〈535 words〉

問題 15

目標時間：30分

次の英文を読んで，問いに答えよ。

¶1 ①There is nothing that man fears more than the touch of the unknown. ②He wants to see what is reaching towards him, and to be able to recognize or at least classify it. ③Man always tends to avoid physical contact with anything strange. ④In the dark the fear of an unexpected touch can mount to panic. ⑤Even clothes give insufficient security: it is easy to tear them and pierce through to the naked, smooth, defenceless flesh of the victim.

¶2 ①All the distances which men create round themselves are dictated by (1)this fear. ②They shut themselves in a house which no one may enter, and only there feel some measure of security. ③The fear of burglars is not only the fear of being robbed, but also the fear of a sudden and unexpected clutch out of the darkness.

¶3 ①The repugnance to being touched remains with us when we go about among people; the way we move in a busy street, in restaurants, trains or buses, is governed by it. ②Even when we are standing next to them and are able to watch and examine them closely, we avoid actual contact if we can. ③If we do not avoid it, it is because we feel attracted to someone; and then it is we who make the approach.

¶4 ①[1]The promptness with which apology is offered for an unintentional contact, [2]the tension with which it is awaited, [3]our violent and sometimes even physical reaction when it is not forthcoming, [4]the antipathy and hatred we feel for the offender even when we cannot be certain who it is —— the whole knot of changing and intensely sensitive reactions to an alien touch —— proves that we are dealing here with a deep-seated human tendency, something which never leaves a man when he has once established the boundaries of his personality. ②Even in sleep, when he is far more unguarded, he can all too easily be disturbed by a touch.

¶5 ①It is only in a crowd that man can become free of this fear of being touched. ②That is the only situation in which the fear changes into its opposite. ③The crowd he needs is the dense crowd, in which body is pressed to body; a crowd, too, whose physical constitution is also dense, or compact, so that he no longer notices who it is that presses against him. ④As soon as a man has surrendered himself to the crowd, he ceases to fear its touch. ⑤Ideally, all are equal there; no distinctions count, not even that of sex. ⑥The man pressed against him is the same as himself. ⑦He feels him as he feels himself. ⑧Suddenly it is as though everything were happening in one and the same body. ⑨This is perhaps one of the reasons why a crowd seeks to close in on itself: it wants to (5) each individual as completely as possible of the fear of being touched. ⑩The more fiercely people press together, the more certain they feel that they do not fear each other. ⑪This (6) of the fear of being touched belongs to the nature of crowds. ⑫The feeling of relief is most striking where the density of the crowd is greatest.

⟨534 words⟩

(解答解説 p.111〜)

問題 16

目標時間：35分

次の英文を読んで，下の問いに答えよ。

¶1 ①We live in a universe of patterns.

¶2 ①Every night the stars move in circles across the sky. ②The seasons cycle at yearly intervals. ③No two snowflakes are ever exactly the same, but they all have sixfold symmetry. ④Tigers and zebras are covered in patterns of stripes, leopards and hyenas are covered in patterns of spots. ⑤Intricate trains of waves march across the oceans; similar trains of sand dunes march across the desert. ⑥Colored arcs of light adorn the sky in the form of rainbows, and a bright circular *halo sometimes surrounds the moon on winter nights. ⑦Spherical drops of water fall from clouds.

¶3 ①Human mind and culture have developed a formal system of thought for recognizing, classifying, and exploiting patterns. ②We call it mathematics. ③By using mathematics to organize and systematize our ideas about patterns, we have discovered a great secret: nature's patterns are not just there to be admired, they are vital clues to the rules that govern natural processes. ④Four hundred years ago, the German astronomer Johannes Kepler wrote a small book, *The Six-Concerned Snowflake*, as a New Year's gift to his sponsor. ⑤In it he argued that snowflakes must be made by packing tiny identical units together. ⑥This was long before the theory that matter is made of atoms had become generally accepted. ⑦Kepler performed no experiments; he just thought very hard about various bits and pieces of common knowledge. ⑧His main evidence was the sixfold symmetry of snowflakes, which is a natural consequence of regular packing. ⑨If you place a large number of identical coins on a table and try to pack them as closely as possible, then you get a honeycomb arrangement, in which every coin — except those at the edges — is surrounded by six others, arranged in a perfect *hexagon.

¶4 ①The regular nightly motion of the stars is also a clue, this time to the fact that the Earth rotates. ②Waves and dunes are clues to the rules that govern the flow of water, sand, and air. ③The tiger's stripes and the hyena's spots attest to mathematical regularities in biological growth and form. ④Rainbows tell us about the scattering of light, and indirectly confirm that raindrops are spheres. ⑤Lunar haloes are clues to the shape of ice crystals.

¶5 ①There is much beauty in nature's clues, and we can all recognize it without any mathematical training. ②There is beauty, too, in the mathematical stories that start from the clues and deduce the underlying rules and regularities, but it is a different kind of beauty, applying to ideas rather than things. ③Mathematics is to nature as Sherlock Holmes is to evidence. ④When presented with a cigar butt, the great fictional detective could deduce the age, profession, and financial state of its owner. ⑤His partner, Dr. Watson, who [not, to, such, as, sensitive, was, matters], could only look on in baffled admiration, until the master revealed his chain of *impeccable logic. ⑥When presented with the evidence of hexagonal snowflakes, mathematicians can deduce the atomic geometry of ice crystals.

¶6 ①We are still learning to recognize new kinds of pattern. ②Only within the last thirty years has humanity become explicitly aware of the two types of pattern now known as fractals and chaos. ③Fractals are geometric shapes that repeat their structure on ever-finer scales; chaos is a kind of apparent randomness. ④Nature "knew about" these patterns billions of years ago, for clouds are fractal and weather is chaotic. ⑤It took humanity a while to catch up.

¶7 ①Thanks to the development of new mathematical theories, these more elusive of nature's patterns are beginning to reveal their secrets. ②Already we are seeing a practical impact as well as an intellectual one. ③Our newfound understanding of nature's secret regularities is being used to steer artificial satellites to new destinations with far less fuel than anybody had thought possible, to help avoid wear on the wheels of locomotives, to improve the effectiveness of heart pacemakers, to manage forests and fisheries, even to make more efficient dishwashers. (4)But most important of all, it is giving us a deeper vision of the universe in which we live, and of our own place in it. ⟨690 words⟩

MEMO

問題 17　　　　　　　　　　　　　　　目標時間：35分

次の英文を読んで，問いに答えよ。

¶1 ①Why a language becomes a global language has little to do with the number of people who speak it. ②It is much more to do with who those speakers are. ③Latin became an international language throughout the Roman Empire, but this was not because the Romans were more numerous than the peoples they conquered. ④They were simply more powerful. ⑤And later, when Roman military power declined, Latin remained for a millennium as the international language of education, thanks to a different sort of power —— the power of Roman Catholic Church.

¶2 ①There is a close link between language dominance and cultural power. ②Without a strong power-base, whether political, military or economic, no language can make progress as an international medium of communication. ③Language has no independent existence, living in some sort of mystical space apart from the people who speak it. ④Language exists only in the brains and mouths and ears and hands and eyes of its users. ⑤When they succeed, on the international stage, their language succeeds. ⑥When they fail, their language fails.

¶3 ①This point may seem obvious, but it needs to be made at the outset, because over the years many popular and misleading beliefs have grown up about why a language should become internationally successful. ②It is quite common to hear people claim that a language is a model of perfection, on account of its aesthetic qualities, clarity of expression, literary power, or religious standing. ③Hebrew, Greek, Latin, Arabic and French are among those which at various times have been praised in such terms, and English is no exception. ④It is often suggested, for example, that there must be something inherently beautiful or logical about the structure of English, in order to explain (c) it is now so widely used. ⑤It has less grammar than other languages', some have suggested. ⁶'English doesn't have a lot of *endings on its words, nor do we have to remember *the difference between masculine, feminine, and neuter gender, so it must be easier to learn'.

¶4 ①Such arguments are misconceived. ②A language does not become a global language because of its intrinsic structural properties, or because of the size of its vocabulary, or because it has been a vehicle of a great literature in the past, or because it was once associated with a great culture or religion. ③These are all factors which can motivate someone to learn a language, of course, but none of them alone, or in combination, can ensure a language's world spread. ④Indeed, such factors cannot even guarantee survival as a living language —— as is clear from the case of Latin, learned today as a classical language by only a scholarly and religious few. ⑤Correspondingly, inconvenient structural properties (such as awkward spelling) do not stop a language achieving international status either.

¶5 ①A language becomes an international language for one chief reason: the political power of its people —— especially their military power. ②The explanation is the same throughout history. ③Why did Greek become a language of international communication in the Middle East over 2,000 years ago? ④(d) because of the intellects of Plato and Aristotle: the answer lies in the swords and spears wielded by the armies of Alexander the Great.

¶6 ①But international language dominance is not solely the result of military might. ②It may take a militarily powerful nation to establish a language, but it takes an economically powerful one to maintain and expand it. ③This has always been the case, but it became a particularly critical factor early in the twentieth century, with economic developments beginning to operate on a global scale, supported by the new communication technologies —— telegraph, telephone, radio —— and fostering the emergence of massive multinational organizations. ④The growth of competitive industry and business brought an explosion of international marketing and advertising. ⑤The power of the press reached unprecedented levels, soon to be surpassed by the broadcasting media, with their ability to cross national boundaries with electromagnetic ease. ⑥Technology, in the form of movies and records, fuelled new mass entertainment industries which had a worldwide impact.

¶7 ① Any language at the center of such an explosion of international activity would suddenly have found itself with a global status. ②And English was in the right place at the right time. ③By the beginning of the nineteenth century, Britain had become the world's leading industrial and trading country. ④By the end of the century, the population of the USA (then approaching 100 million) was larger than that of any of the countries of western Europe, and its economy was the most productive and the fastest growing in the world. ⑤British political imperialism had sent English around the globe, during the nineteenth century, so that it was a language 'on which the sun never sets'. ⑥During the twentieth century, this world presence was maintained and promoted through the economic supremacy of the new American superpower. ⑦And the language behind the US dollar was English. 〈813 words〉

MEMO

問題 18   目標時間：35分

次の英文を読んで，問いに答えよ。

¶1 ① In the family album, my grandfather seems almost real, almost on the point of speaking. ② But his clothes, the frock coat, mark him as a historical being remotely distant in time.

¶2 ① That it is *our* death which is in question, and not just theirs, becomes apparent when we look at photographs of ourselves. ② They awaken a sense of loss because they work against the *integrative functions of forgetting. ③ Photographs are the freeze frames that remind us how discontinuous our lives actually are. ④ It is in a tight weave of forgetting and selective remembering that a continuous self is knitted together. ⑤ Near the end of his life, Roland Barthes talked about the hope — and the passion for life — that forgetting makes possible. ⑥ "In order to live, I have to forget that my body has a history. ⑦ I have to throw myself into the illusion that I am the contemporary of these young bodies who are present and listening to me, and not of my own body weighed down with the past. ⑧ From time to time, in other words, I have to be born again, I have to make myself younger than I am. ⑨ I let myself be swept along by the force of all living life — forgetting."

¶3 ① Photographs do not always support the process of forgetting and remembering by which we weave a whole and stable self over time. ② The family album does not always call up the stream of healing recollection that binds together the present self and its past. ③ More often than not photographs destroy the continuity that memory weaves out of experience. ④ Photography stops time and serves it back to us in separate fragments. ⑤ Memory integrates the visual within a weave of myth. ⑥ The knitting together of past and present that memory and forgetting achieve is mythological, because the self is constantly imagined, constructed, invented out of what the self wishes to remember. ⑦ The photograph acts toward the self like a mirror lit too bright. ⁸Look at a picture of yourself at four or five, and ask yourself honestly whether you can feel that you are still this tender self, looking into the camera. ⁹As a record of our forgetting, the camera has played some part in causing our characteristic modern suspicion about the self-deceiving tricks of our consciousness. ⁱ⁰Memory heals the scars of time. ⁱⁱPhotography documents the wounds.

⟨396 words⟩

問題 19　　　　　　　　　　　　　　目標時間：35分

次の英文を読んで，問いに答えよ。

¶1　①The grammarian knows that in a long and useful life he will never arrive at a single meaning for 'Flying airplanes can be dangerous'. ②But nobody misinterprets this sentence in any real context. ③In the real-life jungle of misunderstandings, outlines are less clear and misunderstandings more various. ④There is always someone who says something to someone somewhere, and none of (1)these variables can be neglected, because all affect the understanding of what is said.

¶2　①It is useful to distinguish between 'understanding', the ultimate purpose of communication, and 'arrival at a meaning', which resembles 'understanding' but, particularly in a discussion of poetry perhaps, can be distinguished from it. ②(2)Understanding is occasionally less than arriving at a meaning. ③Children may be said to 'understand' the nursery rhyme 'Hey Diddle Diddle' if they recognize the normal words in it and enjoy hearing and chanting it, though they could hardly be said to 'know what it means' in a full *referential sense. ④Does anyone? ⑤Probably some effects in poetry are so complex that their meaning is not reached in all its complexity by most people who enjoy the poems and may be said to understand them. ⑥(3)No poet would welcome an approach to poetry which sees it all as a warm, sentimental, indefinite feeling promoted by all *soporific word-patterns, but neither does a poet profit from an opposite fault in readers so anxious to get at literal meaning first that the receptive alertness required for poetry is destroyed. ⑦One poet even tells us that 'a poem should not mean but be', but this was in a poem.

¶3　①(4)If understanding is sometimes less than a full extraction of referential meaning in words, it is also frequently more. ②I recall with embarrassment an occasion on a bus in Tours when a large healthy-looking man informed me that he was a *mutilé de guerre*. [3] I understood his words, but thought he was making conversation in a rather odd way, failing to realize that in France one may be expected to surrender one's seat to a man who was once injured in war. [4] I did not understand the situation, and if he wore a badge or if the seat was labelled, I did not know what to look for.   ⟨389 words⟩

問題 20　　　　　　　　　　　　　　　　目標時間：35分

次の文を読んで，問いに答えよ。

¶1 ①To survive, psychologically as well as physically, human beings must inhabit a world that is relatively free of ambiguity and reasonably predictable. ②Some sort of structure must be placed upon the endless profusion of incoming signals. ③The infant, born into a world of flashing, hissing, moving images, soon learns to adapt by resolving this chaos into toys and tables, dogs and parents. ④Even adults who have had their vision or hearing restored through surgery describe the world as a frightening and sometimes unbearable experience; only after days of efforts are they able to transform blurs and noises into meaningful and therefore manageable experiences.

¶2 ①It is commonplace to talk as if the world "has" meaning, to ask what "is" the meaning of a phrase, a painting, a contract. ②Yet when thought about, it is clear that events are devoid of meaning until someone assigns it to them. ③There is no appropriate response to a bow or a handshake, a shout or a whisper, until it is interpreted. ④A drop of water and the color red have no meaning — they simply exist. ⑤The aim of human perception is to make the world intelligible so that it can be managed successfully; the attribution of meaning is a prerequisite to and preparation for action.

〈216 words〉

MEMO

解法 INDEX まとめ

解法 INDEX ①

承前語句問題の解法
- ● 解答プロセス１：下線部を含む文の意味をつかむ
  下線部の承前語句を含む箇所の意味を正しくつかむ。
- ● 解答プロセス２：該当箇所を特定する
  承前語句が指す内容を求めて，文脈をさかのぼり，該当箇所を特定する。
- ● 解答プロセス３：答のまとめ方に注意する
  問いに対してふさわしい答になるよう，答のまとめ方に注意する。

解法 INDEX ②

理由説明問題の解法
- ● 解答プロセス１：下線部を含む文の意味をつかむ
  下線部を含む文の意味を正しくつかむ。
- ● 解答プロセス２：該当箇所を特定する
  「因果関係」を表す「つなぎ言葉」に注意して，原因・理由を述べている箇所を特定する。そうした明示的な「つなぎ言葉」がない場合は，前後に書かれている内容から原因・理由となる部分を探し出す。
- ● 解答プロセス３：答のまとめ方に注意する
  問いに対してふさわしい答になるよう，答のまとめ方に注意する。

解法 INDEX ③

下線部内容説明問題の解法
- ● 解答プロセス１：下線部を含む文の意味をつかむ
  下線部を含む文の意味を正しくつかむ。
- ● 解答プロセス２：該当箇所を特定する
  前後の文脈に目を向けて，「同意表現の繰り返し」に注意しながら，下線部と同じ内容を述べている箇所を特定する。
- ● 解答プロセス３：答のまとめ方に注意する
  問いに対してふさわしい答になるよう，答のまとめ方に注意する。

解法 INDEX ④

下線部和訳問題の解法
- 解答プロセス１：正確に構文をつかむ
  構文のルールに従って英文を正しくつかむ。
- 解答プロセス２：未知の部分を文脈から類推する
  未知の単語やわかりにくい箇所があれば，既知の部分や文脈から類推する。
- 解答プロセス３：できるだけ自然な日本語を心がける

解法 INDEX ⑤

空所補充問題の解法
- 解答プロセス１：空所を含む文の意味をつかむ
- 解答プロセス２：前後の文脈を考える
  前後の文脈に，言い換えや対比の表現を探そう。

解法 INDEX ⑥

同意表現の抜き出し問題の解法
- 解答プロセス１：下線部を含む文の意味をつかむ
- 解答プロセス２：該当箇所を特定する
  前後の文脈に同意表現を探す。
- 解答プロセス３：答え方に注意する
  該当箇所の最初と最後の何語かを抜き出すのか，すべてを抜き出すのか，設問の要求を満たす答え方をする。「抜き出せ」と言われたら，もれなくすべてを抜き出すこと。途中を「〜」などと略してはならない。

解法 INDEX ⑦

対比的内容の説明問題の解法
- 解答プロセス１：対照表を作る
  対照表の左端に比較項目を立て，それに合わせて，各欄にそれぞれの特徴を書き入れていく。
- 解答プロセス２：答のまとめ方に注意する
  問いに対してふさわしい答になるよう，答のまとめ方に注意する。二項の違いをまとめる場合は，「前者は…であるが，後者は…である（という違い）」とまとめる。

解法 INDEX ⑧

空所補充選択問題の解法
- 解答プロセス1～2
  空所を含む文の意味をつかんで，前後の文脈を考える。

解法 INDEX ⑨

言い換え文の空所補充問題の解法
- 解答プロセス1
  本文の（下線部の）意味をつかむ。
- 解答プロセス2
  言い換え文の構造をつかむ。
- 解答プロセス3
  文脈を考慮に入れる。

解法 INDEX ⑩

対照的表現の抜き出し問題の解法
- 解答プロセス1：下線部を含む文の意味をつかむ
- 解答プロセス2：前後の文脈を考える
  前後の文脈に対照的表現を探す。
- 解答プロセス3：答え方に注意する
  該当箇所の最初と最後の何語かを抜き出すのか，すべてを抜き出すのか，設問の要求を満たす答え方をする。

解法 INDEX ⑪

内容一致問題の解法
- 解答プロセス1：選択肢と同じ話題を本文に見つける
  選択肢の話題を確認し，それと同じ話題について述べている箇所を本文に見つける。
- 解答プロセス2：選択肢の真偽を判定する
  選択肢と本文の主張を比べて，真偽判定をする。「偽」とするのは，「本文の内容と矛盾するもの」，あるいは，「本文に記述がないもの」である。なお，正解の選択肢を選ぶのが難しいときは，間違いの選択肢を消していく「消去法」を活用しよう。

解法 INDEX ⑫

下線部のない内容説明問題の解法
- 解答プロセス１：問いのテーマを確認する
  　最初に設問文を読んで、問いのテーマを知る。本文からどのような情報を読みとるべきかを教えてくれる設問には先に目を通しておこう。
- 解答プロセス２：該当箇所を特定する
  　問いのテーマについて述べている箇所を本文中に見つける。
- 解答プロセス３：答のまとめ方に注意する
  　問いに対してふさわしい答になるよう、答のまとめ方に注意する。

解法 INDEX ⑬

語句パラフレーズ問題の解法
- 解答プロセス１：下線部を含む文の意味をつかむ
- 解答プロセス２：前後の文脈を考える
  　前後にある言い換え、対比、因果関係などの表現をヒントにする。

解法 INDEX ⑭

語句整序問題の解法
- 解答プロセス１：前後の文脈を考慮に入れる
  　整序すべき部分を文法・構文的な観点から考えるのみならず、前後とのつながり（文脈）を考慮に入れる。
- 解答プロセス２：語句のつながりを見抜く
  　動詞に注目して文構造を決めたり、語法的観点からフレーズ（句）を確定したりする。

解法 INDEX ⑮

リード付き内容一致問題の解法

● 解答プロセス１
　lead（＝問いの書き出しの部分）によって問いのテーマを知る。
● 解答プロセス２
　そのテーマについて述べている箇所を本文に見つける。
● 解答プロセス３
　両者の主張を比べて，真偽判定をする。「偽」とするのは，「本文の内容と矛盾するもの」，あるいは，「本文に記述がないもの」である。
● 解答プロセス４
　正解の選択肢を選ぶのが難しいときは，間違いの選択肢を消していく「消去法」を活用する。